# LA MÉLANCOLIE DÉMOCRATIQUE

## Du même auteur

AUX MÊMES ÉDITIONS

Fourier
essai, coll. « Écrivains de toujours », 1975

Le Nouveau Désordre amoureux
essai en collaboration avec Alain Finkielkraut
coll. « Fiction & Cie », 1977

Au coin de la rue, l'aventure
essai en collaboration avec Alain Finkielkraut
coll. « Fiction & Cie », 1979

Lunes de fiel
roman, 1981

Le Sanglot de l'homme blanc
essai, 1983

Parias
roman, coll. « Fiction & Cie », 1985

Le Palais des claques
roman, coll. « Point-Virgule », 1986

CHEZ D'AUTRES ÉDITEURS

Monsieur Tac
roman, Sagittaire, 1976

Allez jouer ailleurs
roman, Sagittaire, 1977
prix de la littérature fantastique, 1979

Qui de nous deux inventa l'autre ?
Gallimard, 1988

*PASCAL BRUCKNER*

# LA MÉLANCOLIE DÉMOCRATIQUE

*ÉDITIONS DU SEUIL*
*27, rue Jacob, Paris VI^e^*

COLLECTION « L'HISTOIRE IMMÉDIATE »
DIRIGÉE PAR JEAN-CLAUDE GUILLEBAUD

ISBN 2-02-010954-9.

Pour Corine

Il est toujours possible d'unir les uns aux autres par les liens de l'amour une plus grande masse d'hommes, à la seule condition qu'il en reste d'autres dehors pour recevoir les coups.

*Malaise dans la civilisation,* Sigmund Freud

Il n'est pas de plus doux breuvage que celui que nous tendent les forces de l'adversité.

Le *Mahabharata*

Lorsque Hannibal, nous dit Tite-Live, eut défait l'armée romaine à la bataille de Cannes (en Apulie) et infligé de lourdes pertes à ses légions, son préfet de cavalerie, Maharbal, le pressa de marcher sur Rome. D'ici quatre jours, l'assurait-il, il banquetterait au Capitole. Le projet parut trop beau au conquérant qui, épuisé par le combat, préféra réfléchir et attendre. Alors Maharbal reprit : « Je le vois bien, les dieux n'accordent pas tout à un seul homme. Tu sais vaincre, Hannibal, mais tu ne sais pas profiter de la victoire. »

Comme le Carthaginois, l'Occident est en cette fin de siècle un vainqueur embarrassé. Il triomphe sans condition, mais les succès s'obstinent sur lui de façon inquiétante. L'état d'affrontement permettait au moins une certaine résistance. Que faire d'une victoire qui pourrait bientôt peser à la manière d'un fardeau ?

INTRODUCTION

# Une euphorie bien tempérée

Nous sommes entrés dans l'ère de l'optimisme démocratique ; depuis quinze ans, nous ne comptons plus les pays qui adoptent l'un après l'autre nos principes de gouvernement et de conduite. Même s'il subsiste encore trop de régimes autoritaires ou dictatoriaux, un processus irrémédiable semble enclenché que l'effondrement du communisme à l'Est de l'Europe a encore accéléré. Partout l'arbitraire, l'esprit de conquête, la mentalité guerrière vacillent ou reculent. Si quelques histrions vocifèrent encore, leur isolement ne les rend que plus pathétiques. La planète est parvenue à un stade sans précédent de son aventure ; l'unification du globe, déjà réalisée sur le plan technique et matériel, est sur le point de l'être politiquement. L'idée même d'une paix universelle est en passe de quitter les songes des utopistes pour s'inscrire dans les faits. Tout ce que nous avons subi sous le nom d'Histoire ne fut que soubresauts et convulsions pour en arriver à cette glorieuse étape. Entendez la rumeur : les jeux sont presque faits, nous sommes tout près du but, l'âge d'or est à nos portes. Les bons ont gagné, les méchants sont en déroute, il ne reste qu'à plier sa tente et à rentrer chez soi.

Dans cette marche glorieuse, l'Europe et l'Amérique anticipent l'idéal vers lequel tend l'ensemble des autres nations ; c'est en Occident que s'accomplit, selon la prédiction de Hegel, le principe le plus haut de la liberté. Nous autres, habitants des régions tempérées, faisons à nouveau l'objet d'un désir mondial, nous sommes encore le centre de gravité dont dépend l'univers. Aux autres de nous suivre s'ils le peuvent ; à eux de soulever les chaînes qui les entravent, de s'acheminer lentement vers ces Lumières où nous baignons. Notre réussite, incontestable, dévalorise d'un coup toutes les autres cultures empêtrées dans leur barbarie locale. Nous devançons le genre humain comme son guide et son législateur.

Et pourtant nous sommes entrés aussi dans l'ère de la mélancolie démocratique. Dans notre allégresse, nous avons oublié à quel point en Europe nous avons détesté la démocratie avec une redoutable constance. S'il y eut jamais un consensus en notre siècle, c'est bien dans la suspicion où les familles d'esprit les plus opposées ont tenu cette forme de gouvernement, lui préférant des formules plus sanglantes mais infiniment plus séduisantes. Et rien ne dit que cette tenace aversion, provisoirement assoupie, ne remontera pas à la surface un jour.

Car la démocratie est haïssable : elle contredit les penchants les plus spontanés de l'être humain à écraser, dominer ou asservir les autres. Ennemie de nos démons intimes, elle souffre de deux défauts : pour le réactionnaire, en prônant l'égalité, elle élève l'inférieur et rabaisse le supérieur, met l'opinion du citoyen éclairé à parité avec celle du malheureux et donne à ce dernier des armes pour refuser son sort ; pour le révolutionnaire, elle est dangereuse, car elle prive les hommes de l'espoir d'en finir une fois pour toutes avec l'injustice ; en leur demandant de respecter la légalité et le verdict des urnes, elle promet beaucoup et ne cesse de retarder l'accomplissement de ces promesses.

Telle est l'ambivalence de son message : elle prêche à la fois la modération et la révolte. Révolte contre les abus, l'indignité, mais modération dans la nécessité de corriger ces abus par étapes, en utilisant le dialogue plutôt que la force et sans jamais remettre en cause la survie de la collectivité. Trop remuante pour les uns, trop calme pour les autres, elle satisfait à la fois l'inquiétude du conservateur comme la générosité du progressiste. Il y a en elle un mélange de pessimisme absolu – l'homme est mauvais et doit être contenu par des lois – et de confiance relative dans sa perfectibilité. Elle alimente l'espoir et le frein à l'espoir, elle attise le besoin de stabilité et l'envie de changement, elle est à la fois contestatrice et régulatrice.

Elle doit donc faire face à deux réactions contraires, nées d'elle-même ; à l'extrême droite, une peur devant son pouvoir de désagrégation des liens communautaires, des solidarités ancestrales ; à l'extrême gauche, une impatience devant ses lenteurs, son inacceptable mollesse, sa prudence cauteleuse. Pour la première, le vent démocratique, en entretenant des divisions artificielles par le jeu des partis, la liberté de la presse et des opinions, décompose la société en individus privés, à la fois tous vulnérables et déracinés ; pour la seconde, en dupant les exploités par de vaines fictions (le droit, la représentation, le parlementarisme), elle conforte l'assise des classes dominantes et n'est au fond que la manière la plus subtile pour un peuple de se choisir les maîtres qui vont le tromper et le pressurer. L'une dénoncera dans la souveraineté populaire le triomphe du troupeau, « la barbarie du nombre » (les Goncourt), des « zéros additionnés » (Nietzsche), qui, pour finir, transforme une nation en collection d'atomes exilés au sein de leur propre multitude. L'autre accusera cette même souveraineté de n'être que formelle, de réduire chaque voix à une « pomme de terre dans un sac de pommes de terre » (Marx), de consacrer la séparation des hommes et de différer l'émancipation du genre humain.

Peu importe finalement que ce régime soit dénigré au nom d'une vision organique du corps social ou d'une conception intransigeante de la justice. Pour les uns et les autres, il est à la fois *médiocre et pernicieux ;* en appelant d'un même geste à la libération et à l'obéissance, il se met en demeure de rater l'une et l'autre, de fractionner les citoyens tout en conservant les inégalités. Pour tous ceux qu'indigne l'ordre établi, la démocratie est trop prosaïque pour éveiller la passion ou le romantisme.

Mais la démocratie n'est pas moins haïssable au démocrate lui-même qui cherche continûment à la limiter, à en tourner les principes. Il est en effet caractéristique de notre temps qu'elle soit devenue *cette chose vague par excellence* qui ne cesse de s'enrichir de finalités nouvelles où les règles terre à terre de l'organisation sociale côtoient les plus hautes valeurs de la civilisation. La démocratie ne se réduit plus aujourd'hui au seul suffrage universel ; elle forme un compromis patiemment élaboré entre le libéralisme politique et l'égalité socialiste des chances ; la redistribution des revenus y tempère le fossé entre les classes, le code du travail y freine la liberté du capital, le droit y complète ou corrige la loi, la protection des individus et des minorités y équilibre la volonté majoritaire. Mais surtout elle condense l'ensemble des aspirations mises autrefois dans les diverses idéologies qu'elle a dépassées en les intégrant. Véritable mot à double fond, riche de sens multiples, elle superpose des exigences contraires qui s'attirent et se confrontent. Elle est donc devenue l'étendard de tous les rêves de l'homme, l'Évangile du nanti comme du déshérité, une de ces notions qui nous séduisent et nous émeuvent par leur confusion même.

Car la première condition de la démocratie est d'être inachevée par essence ; comme le Messie, son règne est toujours à venir et c'est la trahir que de vouloir l'identifier à un régime défini ; en posant trois buts aussi contradictoires et irréalisables que la liberté, l'égalité et la fraternité, elle entretient au sein des communautés humaines un foyer de conflit pour l'éternité. Elle nous interdit donc le confort du travail accompli, le mol oreiller du contentement de soi. Puisque sa force réside dans son indétermination même, elle nous engage sur la voie du souci indéfini, de l'incertitude créatrice. Et il n'est finalement pire ennemi de la démocratie que le démocrate lui-même, toujours enclin à l'incarcérer dans un modèle précis de société, toujours porté à en tuer l'esprit, à en oublier les commandements, à confondre ce qu'elle est avec ce qu'elle devrait être.

Nous sommes aussi entrés dans l'ère de la mélancolie démocratique car dans notre triomphe nous soupçonnons que quelque chose a été perdu : le goût de vouloir la démocratie pour nous et pour les autres puisque rares sont ceux qui désormais la contestent. En d'autres termes, si personne n'est contre, c'est à peine si nous avons encore la force d'être pour. Nous percevons confusément que tout reste à faire mais, privés de l'impulsion que nous donnait un ennemi, nous n'en avons plus l'énergie. Les grands combats sont finis, notre perfection est proche de la mort. Nous constituons sans doute l'avant-garde de l'humanité mais une avant-garde qui ne croit plus que du bout des lèvres aux valeurs qu'elle défend. Notre conviction d'être supérieurs est modeste et n'a plus rien à voir avec cet orgueil qui poussa nos ancêtres à imposer, par le fer et le feu, les beautés de la civilisation à l'Africain, à l'Arabe ou à l'Hindou. Elle n'est qu'une certitude négative.

Comment ne pas voir que, contrairement à une image pieuse, la stabilisation de la démocratie dans le Vieux Monde est le résultat d'un essoufflement plus que d'un élan vers la liberté ? Comme l'Europe, elle s'impose à la suite du déclin des totalitarismes, comme désaveu des rêves les plus fous. Il est toujours possible de lire les pires dates de notre siècle, les deux guerres mondiales, celles d'Espagne, de Corée et du Vietnam, les grands trous noirs de l'esprit que sont l'Arménie, la Kolyma, Auschwitz, Hiroshima, le Cambodge comme autant de revers et d'étapes pour parvenir jusqu'au bel aujourd'hui. Mais une réussite à ce prix équivaut à un échec, s'assoit sur un monceau de ruines, de cadavres, de suppliciés qui se chiffrent par dizaines de millions et dont la mort, les souffrances de surcroît, furent parfaitement injustifiées. Il y a du malheur qui ne sera jamais racheté et le sang qui devait féconder l'avenir l'a surtout stérilisé. L'énumération des crimes, le dénombrement des victimes donnent le vertige : sera-t-il encore permis d'espérer ou d'entreprendre après cela ? Ce progrès est donc un triste progrès, ce passé nauséabond colle à notre mémoire, nous interdit l'effusion. Le coût de nos conquêtes sociales (incontestables), du déclin relatif des racismes et des violences a été monstrueux ; tous ces biens que nous avons acquis, les trésors de l'art, de la science, les joies du confort, les possibilités de communication illimitée ont pour envers un tribut terrible payé à l'Histoire. La Révolution française avait voulu abolir le péché originel : « nulle transmission des fautes antérieures », explique Michelet ; on dirait que notre siècle, après deux cents ans d'incroyance, s'est ingénié à le rétablir, à exhiber la misère de l'homme comme si l'humanité s'était vengée sur elle-même d'avoir osé défier les dieux.

Puisque toutes les tentatives d'établir le paradis sur terre se sont soldées par l'avènement réel de l'enfer, nous nous sommes résolus au purgatoire. Mais un purgatoire clos sur lui-même où nous n'attendons plus rien, ni Sauveur, ni Bien suprême. Et notre optimisme ne consiste finalement qu'à recommander ce remède ou plutôt ce pis-aller aux nations encore dans les limbes ou tentées par d'autres aventures. La démocratie nous revient non pas altière mais pénitente, dans la disgrâce des forfaits d'hier. A la base de notre clairvoyance, il y a d'abord de l'épouvante devant les méfaits que l'homme, au nom de la classe, de la race ou de la nation, commet sur l'homme. Paradoxe sinistre : une des grandes tâches des démocraties modernes consiste à réparer, endiguer les dégâts provoqués par une interprétation excessive de l'idée démocratique. S'il est une chose dont nous souhaitons nous affranchir, c'est bien de cette volonté d'affranchissement par rapport à tous les déterminismes qui fut le projet du XVIII^e^ siècle. Nous avons perdu l'ambition de reconstruire l'ordre social sur des bases nouvelles mais aussi la conviction que l'homme puisse être à lui-même sa propre création. Nous savons désormais que toute lutte est grosse d'intolérances, que la plus noble des causes, une fois victorieuse, peut donner lieu à une nouvelle oppression, que la victime d'hier fera demain un bourreau tout à fait convenable.

Il fallut donc le désastre total du siècle où toutes les virtualités de l'homme furent explorées et bafouées pour que l'Europe vieillissante tombe dans la vertu, pareille à ces catins que l'âge fait passer sans transition de la débauche au bénitier. Sans l'impérialisme, les guerres coloniales, le nazisme, le communisme et leur cortège d'horreurs, jamais n'aurait germé cette aspiration au repos qui se confond aujourd'hui avec l'aspiration au pluralisme. Nous avons moins choisi ce dernier que nous nous sommes rendus à lui comme à une bonne vieille recette après avoir tout essayé.

En ce sens, ce qui est interdit à l'Européen, c'est l'orgueil des Américains chez qui la défense de la nation s'est confondue avec la défense des institutions et du droit. Au contraire du Vieux Monde porteur de tant de messages divers, l'Amérique n'a jamais versé ni dans la terreur ni dans les totalitarismes qui ont ensanglanté notre continent (excepté bien sûr pour l'élimination physique des Indiens, dont les survivants sont parqués en réserves). Sa singularité, c'est d'avoir su combiner le rêve et la loi, l'utopie de la page blanche avec un juridisme scrupuleux, les promesses de la tolérance avec le volontarisme du pionnier. Son ambition fut de recommencer l'Histoire sur la base d'un contrat entre citoyens égaux animés d'un seul credo : tout est possible. Le projet de la démocratie américaine, c'est l'Amérique elle-même, son rayonnement, sa grandeur, sa vitalité que beaucoup lui envient. Terre d'exception autant que d'élection, soucieuse d'échapper au chaos des autres sociétés, l'Amérique s'est toujours crue investie d'une mission universelle : propager la liberté.

Mais sa politique impérialiste chez ses voisins latins, la débâcle du Vietnam, la ségrégation persistante et même renforcée sous les années Reagan, l'ahurissante misère de certaines catégories de sa population, son recul économique ont terni son image de géant. En découvrant les maléfices de l'action, c'est-à-dire la complexité et le doute, les États-Unis ont perdu leur innocence et le « leadership » de la planète alors que l'Europe, en sens inverse, s'initiait à la paix, à l'ingénuité. Car l'égalisation démocratique n'épargne pas plus les hommes que les nations, qui connaissent toutes un phénomène de nivellement fatal aux grandes puissances. Chacune désormais lit sa petitesse et sa fragilité dans celle de l'autre. Ici comme là-bas et de façon très différente, c'est la confiance qui a été laminée.

D'où la modestie de notre optimisme qui doit faire des slogans avec de la fatigue et annonce un futur qui ne sera qu'un duplicata du présent. Il est lui-même à l'image de cette aventure qu'il exalte : couleur grisaille. La démocratie qui devrait être aussi une machine de guerre contre l'inégalité, l'arbitraire devient un baume chargé de cicatriser nos blessures, la convalescence que des peuples trop turbulents s'imposent après avoir perdu le goût des croisades et des massacres. Elle est ce qui reste quand tous les rêves ont disparu, un espace commode où il fait bon vivre, se réaliser, s'enrichir si possible (à tout le moins ne pas s'appauvrir). Non pas l'aube miraculeuse de l'humanité, comme nous aimons à nous le raconter, mais l'avènement d'un type de gouvernement qui limite les dégâts en vies humaines et fait l'économie de la violence. Dira-t-on qu'il s'agit d'un progrès que les Modernes ont construit bas mais solide, pour reprendre le mot de Léo Strauss ? On peut en convenir. Mais voyez l'ironie : l'apogée des idées libérales et pluralistes coïncide avec ce moment où l'humanité, constatant les ravages de l'industrie, ne peut plus se mobiliser que pour sa survie et s'imposer des solutions communes sous peine de périr. La tristesse de l'homme de cette fin de siècle devant un paysage n'est pas de se dire comme le romantique : « Je passerai et il restera », mais à l'inverse : « Je passerai peut-être après lui et mes enfants ne le verront plus. » A notre époque d'écologie généralisée, il n'est question que de protéger, de maintenir en état. Nous baignons dans l'ère des bilans, de la préservation de l'héritage. Seule la sauvegarde mobilise les énergies et les principales audaces consistent à venir en aide, à éponger des sinistres. Réflexe admirable, bien sûr. Mais c'est que le monde est devenu un vaste musée en péril. En veut-on une preuve supplémentaire ? En mars 1989, à La Haye, une vingtaine de pays signent une convention qui proclame le droit à la vie (il s'agit, entre autres, de protéger la couche d'ozone des effets destructeurs des chlorofluorocarbones). Avez-vous bien lu ? Des millions d'années d'aventure humaine aboutissent à proclamer que l'homme a non pas le droit à la santé ou à l'instruction, mais simplement le droit à être. Quel progrès ! Une seule planète ? Oui, hélas : un peu comme ces immeubles modernes mal construits où la moindre fuite d'eau ou scène de ménage se répercute immédiatement chez les voisins, si bien que les problèmes de chacun deviennent insensiblement ceux de tous. Diabolique dépendance !

Ainsi la démocratie entre-t-elle comme la Révolution française dans l'ordre de la commémoration. Elle est embaumée, momifiée, elle étouffe littéralement sous les éloges. Fascinante tant qu'elle restait une possibilité, elle pourrait bien devenir aujourd'hui l'autre nom de notre indifférence envers le monde et même envers toute forme d'organisation de la cité. Alors victoire ? Oui ; mais comme l'apogée est proche du déclin, comme l'apothéose peut ressembler à la chute.

PREMIÈRE PARTIE

# *Le désir d'ennemi*

CHAPITRE I

# Le traumatisme de la paix*

Qui vit de combattre un ennemi a
tout intérêt à ce qu'il reste en vie.

Nietzsche

Un jeune officier est affecté pour son premier poste dans une garnison lointaine, le fort Bastiani, qui garde le désert du Nord. La vie du fort, figée dans un rituel aussi vain que rigoureux, est rythmée par une seule éventualité : l'arrivée des envahisseurs, les redoutables Tartares. Tous les soldats qui l'occupent espèrent depuis des années en cet événement qui justifiera leur présence. D'abord rebuté puis séduit et presque envoûté par ce rêve, le jeune lieutenant guette à son tour la grande échéance. Le temps passe, les fausses alertes se succèdent, « l'heure miraculeuse qui sonne une fois au moins pour chacun » se dérobe, le désert reste vide [1].

Si le roman de Dino Buzzati garde une force singulière, c'est qu'il symbolise à merveille la situation en Europe de l'Ouest. Depuis quarante années, en effet, les yeux tournés vers Moscou nous attendons l'invasion soviétique, nous redoutons qu'un jour, selon l'image consacrée par Aragon, les Cosaques ne fassent boire leurs chevaux dans les bassins de la

* Une version de ce chapitre est parue sous le titre « Vivre sans ennemis » dans la *Lettre internationale* de décembre 1989, ainsi que dans la *Lettre internationale* en langue allemande et la revue *Fredag* au Danemark.

1. Dino Buzzati, *Le Désert des Tartares,* 1940.

Concorde. Certains, dans leur impatience, en venaient presque à souhaiter la pénétration en masse des divisions blindées dans les plaines de l'Artois et de la Champagne. Or, depuis la perestroïka et les accords successifs de désarmement entre les deux Grands, il est possible que cette guerre-là n'ait jamais lieu, que notre peur reste sans objet. Excellente nouvelle au demeurant : l'abandon par l'URSS de tout projet hégémonique, son renoncement à la domination planétaire, sa volonté clairement affichée de résoudre les tensions par le dialogue plutôt que par les tanks ne peuvent que réjouir tout homme de bonne volonté.

Pourtant, sur cette paix tombée à l'improviste, un malaise plane. Nous avons été tellement façonnés, modelés par l'idée de la guerre au point de voir toutes les relations sur ce schéma que le succès apparent des démocraties occidentales nous prend au dépourvu. C'est ce qu'a excellemment compris Gregory Arbatov, directeur de l'Institut pour les études nord-américaines à l'Académie soviétique des sciences, lorsqu'il a déclaré à des journalistes américains : « Nous sommes en train de vous faire quelque chose de terrible : nous sommes en train de vous priver d'ennemi [1]. » Phrase prémonitoire car elle contient une vérité amère et que nous n'avons pas fini de méditer : la menace soviétique rendait les démocraties fragiles ; mais la disparition de cette menace pourrait les rendre plus vulnérables encore.

## La toute-puissance du monstre

Longtemps, nous avons partagé le monde en deux : les maîtres contre les esclaves, les serfs contre les seigneurs, la noblesse et le clergé contre le tiers état, les monarchistes

1. Cité par André Fontaine dans *Le Monde,* 27 mai 1988.

contre les républicains, le socialisme contre le capitalisme. La dernière en date de ces divisions, celle qui devait, au cours des années 80, faire l'unanimité à droite et à gauche (communistes exclus) opposait les régimes pluralistes au totalitarisme. Or nous risquons d'être bientôt orphelins de cette antithèse dont nous verrons qu'elle rendait beaucoup de services.

Au nom de cette inexpiable rivalité, un Jean-François Revel pouvait, par exemple, en 1983 prédire la disparition de nos démocraties, « minces et précaires parenthèses à la surface de l'Histoire » et la victoire « probable, pour ne pas dire inéluctable [1] », du communisme. Avec un luxe de détails impressionnant, l'auteur y analysait la « psychologie de la capitulation anticipée » qui pousse les pays occidentaux à justifier à l'avance la victoire du bloc socialiste ; les concessions faites à ce dernier – détente, transferts de technologie, accords d'Helsinki –, loin de calmer son appétit impérialiste, encouragent son agressivité puisque le soviétisme est avant tout une formidable machine à conquérir le monde. C'est presque sous forme d'épitaphe que Revel rédigeait ces pages fiévreuses tout animées par la colère et l'imprécation.

Sa prophétie, heureusement, ne s'est pas réalisée et c'est le totalitarisme aujourd'hui qui est en train de rendre les armes. Le pessimisme de Revel peut s'expliquer par la conjoncture de l'époque ; la stagnation de la résistance afghane, la répression accrue en Pologne, l'incroyable complaisance des gouvernements occidentaux, notamment ceux de Giscard (avant 1981) et de Schmidt, rendaient plausible, à partir d'une analyse rigoureuse des forces en présence, la défaite du camp occidental. Soucieux de nous réveiller, Revel usait donc d'une rhétorique volontairement alarmiste. A cet égard, son livre et quelques autres (ceux d'Alain Besançon, de Cornelius Castoriadis ou de l'Américain Podhoretz, sans oublier évidemment l'œuvre de Soljenitsyne) ont probablement contri-

1. Jean-François Revel, *Comment les démocraties finissent,* Grasset, 1983.

bué à la prise de conscience et à la fermeté des opinions publiques face à l'URSS (avec cette ambiguïté que l'analyse de Revel peut fonder aussi bien notre impuissance et notre résignation : à quoi bon résister puisque l'Empire du froid est invincible ?).

***Les angoisses de l'esthète***

Bon apôtre qui a divisé l'Europe en deux, l'abondance à l'Ouest, l'intellect à l'Est, l'esthète est inquiet. Après l'écroulement des dictatures communistes, il se demande si la Pologne, la Tchécoslovaquie, la Hongrie ne vont pas sombrer dans les vulgarités de la consommation. La ruée des Allemands de l'Est sur les régimes de bananes après la chute du mur de Berlin, l'émerveillement des Roumains devant des oranges l'avaient déjà navré. L'ouverture du premier McDonald's à Moscou l'a achevé : les héritiers de Gogol et de Pouchkine se sont abîmés dans la chienlit !

Tel le colon refusant hier aux indigènes les droits politiques de peur qu'ils ne perdent leur âme, l'esthète ne voit dans l'accession de ces peuples à l'aisance que l'abaissement culturel. Il n'est pas sadique : il préférerait que ses écrivains, ses poètes de prédilection soient convenablement logés et payés. Il redoute seulement que le confort ne les gâte. Car l'esthète, qui vit bien sûr dans les cités opulentes de l'enfer capitaliste, n'aime que les œuvres ; et pour quelques beaux livres de plus, il est prêt à renvoyer au knout, à la prison, à la pénurie des millions d'hommes. Ah, l'humour exquis des affamés, le talent des opprimés !

Ainsi voit-on depuis l'automne 1989 l'esthète se répandre en déplorations dans les journaux : épargnons à nos frères de l'Est les horreurs qui nous accablent, des appartements bien chauffés, des magasins bien remplis, l'immonde publicité, la pornographie, les médias. Laissons-les dépourvus mais dignes !

Mais le ton apocalyptique cachait peut-être une autre inquiétude : celle de perdre un ennemi idéal. L'existence, aux frontières de l'Europe, d'une puissance militaire gigantesque et disposant, au sein même de nos sociétés, de supporters ardents (la cinquième colonne des Partis communistes locaux), la supériorité en armes des troupes du pacte de Varsovie donnaient aux défenseurs de la liberté l'ambition et l'énergie d'un grand dessein ; il s'agissait à la fois de contrer le péril rouge et de souligner par contrecoup les beautés et la noblesse de la démocratie.

De là l'image de l'URSS offerte depuis une quinzaine d'années par la plupart des soviétologues et analystes : celle d'un géant infirme autant que vindicatif et indéracinable. Il fallait à la fois rabaisser et magnifier la patrie des soviets : vautrée dans la misère, l'ivrognerie, la corruption, la dégénérescence physique et morale, elle n'en restait pas moins un danger permanent. Ses échecs sociaux, médicaux, économiques soulignaient les succès militaires, spatiaux, scientifiques : bref, le cadavre était bien vivant. Anémié et formidable, il alimentait d'un même geste l'effroi et le mépris. On ne pouvait le discréditer que pour mieux le préserver.

Cela permettait toujours à J.-F. Revel de fustiger le communisme « usé par sa propre maladie » mais demeurant malgré tout le plus grand système de domination depuis le nazisme et animé tout comme lui d'une « boulimie expansionniste ». Cela autorisait encore un Raymond Aron, dans les dernières années de sa vie, à réfuter l'idée d'une convergence possible entre l'Est et l'Ouest, leur opposition restant bien le grand enjeu du siècle[1]. Le même sous-entendu animait

1. La position d'Aron sur la nature du régime soviétique tranche par sa prudence et son respect de la complexité. Dans *Démocratie et totalitarisme* (1965), il envisage la possible « stabilisation bourgeoise » de l'URSS et « l'introduction de partis multiples et d'institutions libérales comme en Occident », prédiction qu'il désavouera dans ses *Mémoires* de 1983. En 1977, dans son *Plaidoyer pour l'Europe décadente* (Laffont), il reconnaissait deux germes de libéralisation possible en Russie : une timide décentralisation et l'influence de l'Occident corrupteur capable, avec le rock, la peinture

également Soljenitsyne dénonçant dans le communisme un mal incurable, hostile à tout ce qui est humain et grâce auquel l'URSS pourrait avaler « tout rond et sans s'étouffer » une demi-douzaine de pays du calibre de l'Angola, de l'Éthiopie et de l'Afghanistan[1]. Au nom des mêmes présupposés, le romancier Milan Kundera prévoyait dans la confiscation de la culture tchèque par l'occupant russe le dépérissement prochain de l'Occident et le triomphe de la Vérité totalitaire[2].

## Le fatalisme de l'échec

Bref, prisonniers de l'image que le régime soviétique voulait donner de soi, nous partagions avec lui la certitude de l'avènement inéluctable du socialisme, notre seul travail étant de freiner cette progression. Dans chaque cas, il ne fait aucun doute que l'URSS a déjà gagné, peut gagner ou va gagner ; dans chaque cas, on ne parle de l'Europe que comme d'une disparue dont on dresse avec amertume l'acte de décès. Dans l'affrontement entre le bloc occidental et le camp socialiste, ce sont des essences qui se heurtent : la Crédulité et la Faiblesse contre la Force et la Brutalité. Si l'on évoque « l'empire du Mal » (Ronald Reagan), si « le totalitarisme communiste est à la fois durable et immuable » (J.-F. Revel), si les dictatures communistes sont « inébranlables » (A. Glucksmann) au contraire des fascistes qui sont « friables », c'est qu'en diabolisant l'Union soviétique, on l'idéalise, on l'élève au rang

abstraite, la pornographie et la liberté sexuelle, d'ébranler l'idéologie officielle. Aron admettait en même temps que l'idéocratie soviétique pouvait, comme tout autre régime, être soumise à l'usure du temps. Autant d'interrogations, de précautions qui peuvent aujourd'hui être mises à son crédit.

1. *L'Erreur de l'Occident,* Grasset, coll. « Figures », 1980, p. 57.
2. *L'Art du roman,* Gallimard, 1986, p. 29 et 159.

d'une abjection intemporelle. (L'étonnant, c'est que l'on retourne ainsi contre les marxistes leur propre dénonciation du capitalisme, système moribond depuis deux siècles et par là même toujours plus répressif et tentaculaire.) Le face-à-face sans pitié de l'Europe et de la barbarie soviétique ne devait donc jamais prendre fin. L'idée d'une réconciliation devenait inconcevable, au contraire du conseil de Kant pour qui rien, dans un affrontement, ne doit rendre la paix et la concorde futures impossibles. Négation de la vie, le totalitarisme ne pouvait que périr ou gagner.

Ce raisonnement n'était pas sans vérité, mais il souffrait de prêter au « bolchevisme » une puissance absolue. Si grande était la crainte que ceux-là mêmes qui voulaient nous mettre en garde accréditaient à leur corps défendant l'idée d'une pérennité du système communiste ; ils nous éduquaient à la méfiance et au découragement[1]. Était-ce la hantise d'un second Munich redoublé par les traumatismes de Budapest, Prague, Varsovie ? Une ruse des démocraties enclines à se donner pour vulnérables et anémiées lors même qu'elles prospèrent ? A-t-on sous-estimé l'importance des divers pactes et accords commerciaux, la « gullivérisation » progressive qui enserrait l'Empire moscovite dans un réseau de traités et de liens de plus en plus étroits[2] ? A-t-on méconnu que les accords d'Helsinki ouvraient à l'Est une « zone de vulnérabilité » (François Schlosser), que la course aux armements maintenait les Soviétiques dans un état de pression épui-

1. Claude Lefort avait réfuté en 1981 cette mythologie du colosse russe capable de digérer dans son estomac la planète entière (*L'Invention démocratique*, Fayard, coll. « Bibli-Essais », 1981 p. 38). Un peu avant, en 1978, Emmanuel Todd, dans un essai très lucide, avait prévu la décomposition de l'Empire moscovite (*La Chute finale*, R. Laffont, 1976). Mais il faut rendre hommage à l'extraordinaire clairvoyance du diplomate américain George Kennan, inventeur de la doctrine dite du *containment* (de l' « endiguement ») et qui écrivait dès 1948, dans la revue *Foreign Affairs :* « La puissance soviétique porte en elle les germes de sa propre décadence et la floraison de ces germes est bien avancée. » Il aurait peut-être suffi de lire Montesquieu pour savoir qu'une tyrannie périt toujours par son vice intérieur, au contraire des autres régimes, détruits par des circonstances externes.

2. Le mot est de George F. Will, *International Herald Tribune*, 8 décembre 1988.

sant[1] ? A-t-on négligé la puissance de pénétration des idées occidentales et qu'en définitive, comme le disait Napoléon au terme de sa vie, « l'esprit finit toujours par vaincre l'épée » ? Toujours est-il que dans la vision de l'Union soviétique c'est le *fatalisme de l'échec* qui a prédominé.

La perestroïka, on le sait, a démenti ce pronostic tout en le confirmant ; le naufrage économique et social, la gabegie, l'incompétence dépassent, de l'aveu même des responsables, les pires estimations occidentales ; les crimes de l'époque stalinienne excèdent en ampleur les prévisions les plus pessimistes ; mais la toute-puissance militaire n'existe pas. Le sanglant revers de l'Afghanistan en administrait la preuve : une troupe de va-nu-pieds, mal armés au début, divisés de surcroît en tribus hostiles mais animés d'une foi et d'une haine sans partage, infligeait au corps expéditionnaire soviétique sa première défaite et l'obligeait à plier bagage. Bref l'Armée rouge n'était nullement invincible, pas plus que le communisme immortel. Victime de son énormité, de la nécrose de ses institutions et de son idéologie, l'URSS s'est effondrée sous son propre poids.

L'époque est donc fatale aux prophètes, mis en déroute par la « fécondité de l'imprévu » (Proudhon). Nous voici frappés dans nos habitudes mentales, contraints de repenser à l'épreuve des événements. L'Histoire excède notre capacité à réfléchir sur elle et nous force à nous prosterner devant les faits avant de pouvoir les juger. La plupart des scénarios envisagés ont capoté et, à l'encontre d'une des thèses les plus répandues sur le totalitarisme, pas plus dans les colonies que dans l'empire lui-même, la société civile n'a disparu, absorbée par l'État ; partout où cela fut possible, les arts et les lettres ont resurgi avec une vigueur insoupçonnée, les populations

1. A cet égard, le pari reaganien, contraindre l'URSS au surarmement pour accélérer sa débâcle économique, a été un plein succès (même s'il a mis l'Amérique, elle aussi, sur les genoux). Pareillement, l'intransigeance d'un François Mitterrand sur l'affaire des euromissiles en 1983 a probablement contribué au recul des dirigeants soviétiques.

ont manifesté une aspiration à l'autonomie, une volonté d'apprendre les gestes élémentaires de la démocratie que n'ont étouffées ni la terreur policière ni des décennies de propagande et de mensonge [1]. Il est vrai que, drapée dans le culte du secret, la réalité soviétique justifiait les constructions théoriques les plus échevelées ; et peut-être ne la comprenons-nous pas plus qu'elle ne se comprend elle-même ?

Personne, en tous les cas, n'aurait pu imaginer que l'Empire se saborderait depuis le sommet, que le despote lui-même, en l'occurrence le secrétaire général du Parti, octroierait la liberté aux peuples au risque d'ébranler les fondations de l'Union et d'entraîner le monde entier dans une aventure dont nous n'avons pas fini de mesurer les conséquences. (La popularité justifiée dont jouit Gorbatchev hors de son pays prouve que l'on accorde plus à un pécheur repenti qu'à un homme qui n'a jamais péché ; ce sont les vertus négatives qui plaisent chez lui, on l'aime pour le mal qu'il ne commet plus et surtout pour n'être pas intervenu en Europe orientale, pour avoir dissipé le spectre de la guerre entre les blocs.) Et sans doute le totalitarisme nazi comme le soviétique, le chinois ou le cambodgien font-ils partie de ces énigmes encore plus obscures une fois qu'on les a expliquées qu'avant : au mystère angoissant de leur irruption correspond le mystère non moins intrigant de leur évanouissement ou de leur transformation [2]. Jamais l'Histoire n'a été un tel chaos, une telle improvisation.

1. Luc Ferry et Évelyne Pisier ont bien montré comment le concept de totalitarisme, si génialement illustré par Hannah Arendt et sans jamais faire l'unanimité chez les chercheurs et les historiens, reste une notion essentielle pour comprendre la nouveauté du nazisme et du stalinisme (in Grawitz et Leca, *Traité de sciences politiques,* tome II, PUF, 1985, article « Totalitarisme »).

2. L'historienne Hélène Carrère d'Encausse avait reconnu avec une rare perspicacité que le régime russe laissait une marge d'autonomie croissante à la société, que les Églises orthodoxe et baptiste ainsi que l'islam avaient maintenu une sphère d'idées et de croyances étrangères au communisme officiel et surtout que les nationalités, en entretenant des traditions et des normes incompatibles avec celles du pouvoir, faisaient peser sur l'Empire une menace constante de dislocation. De son côté, l'écrivain Alexandre Zinoviev, s'il croit une réforme du système illusoire, a montré comment l'*Homo sovieticus* se protège des atteintes de l'idéologie par une adhésion de façade, lui permettant de garder son quant-à-soi.

## Une catastrophe symbolique

On peut toujours supposer, thèse extrême, que la perestroïka est la ruse ultime du soviétisme pour sauvegarder l'essentiel en cédant sur les détails ; mais cela ressemble à la mésaventure de cet homme qui se tranche la gorge pour faire croire qu'il est mort. En abolissant le monopole du Parti communiste sur la vie politique ainsi que le dogme des conquêtes irréversibles du socialisme, l'Union soviétique a porté un coup fatal au mythe de sa grandeur. Il faut se féliciter que notre adversaire préféré soit en passe de nous faire faux bond ; en même temps, cet escamotage constitue pour nous une véritable catastrophe symbolique. L'antitotalitarisme constituait une double école de vigilance et de clarté. Il y avait quelque chose de rassurant et de terrible dans l'hostilité que manifestait l'URSS à notre égard ; parce que cette contrée incarnait l'arbitraire le plus infâme, la démarcation Est-Ouest séparait le bien du mal avec la netteté d'un couperet. Un attentat terroriste en Afrique ou au Moyen-Orient, une émeute anti-américaine en Asie, un coup d'État aux Caraïbes pouvaient toujours de proche en proche être attribués à Moscou, véritable cerveau de la subversion planétaire dissimulé derrière une multitude de paravents et d'organisations (les Russes agissaient de même à l'égard des États-Unis, dénonçant partout la mainmise de la pieuvre yankee et de l'abominable CIA). Ainsi l'intérêt particulier d'un pays (Pologne, Tchécoslovaquie, Afghanistan) pouvait-il se confondre avec celui de l'humanité entière ; partout l'esprit de liberté affrontait les ténèbres du despotisme.

Mais, dès lors que le despotisme lui-même dit abandonner l'esprit de conflit pour celui de coopération, au danger unique mais exaltant succède un pullulement de menaces (des

« menaces tous azimuts », pour reprendre la formule consacrée par le ministre de la Défense). L'URSS offrait au moins cet avantage d'être définie ; désormais les trouble-fête risquent d'être légion, de jaillir de partout. Certes, au contraire des régimes totalitaires qui ont toujours besoin d'un ennemi objectif (les Juifs, les Tziganes, les Slaves, les bourgeois, les koulaks, les contre-révolutionnaires), lequel ne cesse de varier et de renaître au gré de la conjoncture, la démocratie, en principe, n'a d'autres ennemis que ceux contre lesquels elle se défend : elle endigue, elle contient, elle attaque rarement. Pourtant, la croisade anti-soviétique présentait de nombreux avantages : mobilisant des individus toujours prompts à se disperser dans les douceurs de la paix, elle freinait l'apathie inhérente aux sociétés d'abondance, rendait un semblant de sens à un projet collectif. Elle formait en outre un universel à l'envers, c'est-à-dire l'organisation polémique d'une mémoire et d'un savoir, une véritable pédagogie aux problèmes des autres. L'obligation de suivre et de contrôler les mouvements de l'adversaire nous rendait attentifs aux moindres enjeux, aux conflits les plus locaux. Solidaires du maquisard érythréen, de l'ouvrier polonais, du boat people vietnamien, du résistant afghan, il nous fallait tenir compte de leurs particularités ; bref, du Pérou à l'Angola, *l'humanité restait une seule patrie, notre souci commun* (de nombreux pays du Sud jouaient avec habileté des rivalités entre grandes puissances pour se faire désirer et obtenir des aides supplémentaires). Enfin la menace qui pesait sur les fondements mêmes de notre vie sociale restituait à ce qui nous paraissait aller de soi (nos institutions, nos droits, notre bien-être) un relief sans pareil. La démocratie nous était encore fragile et précieuse comme un bien susceptible de nous être ravi à chaque instant : le besoin de sécurité se confondait avec la défense d'une cause sacrée.

D'innombrables risques, nous le savons, pèsent sur l'Europe nouvellement émancipée : au point de faire regretter à certains les rigueurs musclées du soviétisme d'hier (d'autant que la décolonisation au sein de l'Empire se déroule déjà dans le sang et les larmes[1]). Mais, quoi qu'il arrive, nous avons perdu les atouts de la simplicité. La paix induit en effet le désordre d'un monde sans unité capable d'éclater en fragments disparates. Tels deux jumeaux enlacés dans leur combat, l'Est et l'Ouest ne pouvaient ni s'exterminer ni abandonner la lutte sans se priver d'une raison d'être fondamentale. S'il existe une différence de nature évidente entre l'Amérique et la Russie, il y a très certainement entre elles une détestation et une fascination réciproques, ce qu'on pourrait appeler un narcissisme de grande puissance qui explique à la fois leur antagonisme et leur complicité dans le partage implicite des territoires.

Il n'est pas certain que toute la politique se réduise, comme l'a soutenu Carl Schmidt, à la discrimination de l'ennemi et de l'ami ; mais, quand on sait la place que l'anticommunisme a joué outre-Atlantique (et aussi en RFA) depuis les années 20, au point, à l'époque maccarthyste, de faire adopter à l'administration américaine certaines méthodes de délation propres aux dictatures, on se doute du vide que créera la perte de cette référence capitale. Comment nier que les régimes marxistes avec toutes leurs monstruosités nous ont aussi obligés à considérer ces sous-hommes que l'humanisme classique excluait ? Sans ces hideux repoussoirs qu'étaient les « démo-

1. L'accession pour les peuples d'Europe centrale à l'indépendance signifiera peut-être ce qu'elle a signifié pour les peuples du tiers monde : la fin de l'innocence que pouvait encore accréditer la tutelle soviétique. Victimes hier, les Tchèques, les Hongrois, les Polonais, les Roumains vont devenir tout comme nous responsables de leurs actes. Ils vont quitter les jardins clos de la candeur pour nous révéler soudainement leurs travers : racismes, antisémitisme, micronationalismes hégémoniques, dissensions internes. La liberté est à ce prix, et la revendication de la souveraineté, c'est-à-dire à devenir des États comme les autres, n'ira pas sans un certain désenchantement. En particulier, le mythe littéraire de la Mitteleuropa, qui fut sans conteste un extraordinaire moyen de résister à la tyrannie, risque de ne pas survivre aux premières secousses. Les trésors de culture entretenus par les intelligentsias de ces pays — d'ailleurs souvent coupées de leur propre population — pourraient bien ne pas peser lourd face aux réalités tristement économiques ou sociales.

craties populaires », il n'est pas sûr que nos sociétés, hantées par la crainte d'une classe ouvrière glissant vers le communisme, se seraient réformées si vite. Il est même probable que le marxisme a « sauvé » le capitalisme, d'une part en édifiant à sa place des contrefaçons caricaturales, d'autre part en mettant le doigt sur ses plaies, en lui donnant une impulsion formidable pour se régénérer. (Devant la panique qui saisit les Américains face à l'expansion technologique et commerciale des Japonais[1], on se dit que le vrai cauchemar pour certains serait de voir la Chine et l'URSS devenir des pays économiquement performants.) Ah, si seulement les États-Unis reprenaient la bonne vieille politique du gros bâton, si l'URSS rechaussait les bottes de Staline, quels services ils rendraient aux nostalgiques de l'ancien duopole !

## La guerre disqualifiée

Quel a été à l'étranger l'effet le plus spectaculaire de la glasnost et de la perestroïka ? Celui de désarmer un peu plus des opinions occidentales déjà passablement assoupies. Imaginons maintenant le pire, c'est-à-dire le possible : que les troupes américaines, après réunification des deux Allemagnes démilitarisées, rentrent chez elles, qu'un vide stratégique se crée au cœur de l'Europe, que l'URSS implose, qu'un putsch écarte Gorbatchev, annule les réformes, dénonce les traités, que l'Armée rouge, pour faire diversion, se lance dans une intervention éclair à l'Ouest. On ne peut guère douter du résultat : en mettant à mort le « soviétisme symbolique » (Bernard Guetta), en dévoilant l'incurie, le dénuement du

1. Selon un sondage paru dans *Business Week*, le 7 août 1989, à la question : « Quelle est la menace la plus sérieuse pour l'avenir des USA ? », 22 % des personnes interrogées ont répondu « la menace soviétique » et 68 % « la menace économique du Japon ».

### *L'éternel duo*

En France, le conflit entre partisans et adversaires de la démocratie parlementaire s'est résumé, à tort ou à raison, dans le long monologue qui opposa, trente ans durant, Sartre et Aron. D'un côté un esprit libre, supérieurement intelligent, un polygraphe de génie, un véritable enchanteur qui entraîna derrière lui plusieurs générations, une figure écrasante jamais remplacée mais aussi un intellectuel égaré, trop souvent complice des barbaries stalinienne, cubaine ou chinoise.

De l'autre un esprit droit, pondéré, rebelle aux séductions oratoires, préférant l'analyse aux slogans, une écriture modeste jusqu'à la grisaille, moins soucieuse de séduire que d'enseigner, le refus de l'écran verbal, du feu d'artifice rhétorique qui atténuerait la transparence du débat, la démocratie dans la phrase pour ainsi dire, l'écoute patiente des arguments contraires. Bref, une existence tout entière placée sous le signe de la justesse, sinon de la justice.

Curieusement, Raymond Aron, longtemps mis au ban de l'intelligentsia à cause de ses positions, souffre aujourd'hui d'avoir eu raison avant les autres. On aurait tort cependant d'en conclure à sa victoire par KO. C'est oublier que jusqu'à la fin il laissa la porte ouverte au dialogue avec son « petit camarade ». C'est oublier la véritable fascination que tous les ennemis du régime constitutionnel exercèrent sur lui : n'avouait-il pas « prendre plus d'intérêt aux mystères du *Capital* qu'à la prose limpide et triste de *La Démocratie en Amérique*[1] » ? C'est donc oublier ce geste fondamental : l'élection du déraisonnable par le raisonnable. Comme si Aron avait pressenti que la sagesse à elle seule ne suffit pas, que la modération se dessèche sans les extrêmes, qu'une démocratie pourrit sur pied quand la passion la déserte, que la fièvre l'abandonne, que le désordre la fuit.

1. *Étapes de la pensée sociologique,* Gallimard, 1987, p. 21.

géant soviétique, Gorbatchev et son mouvement ont très certainement donné le coup de grâce à nos dernières velléités de résistance. Comment redouter quoi que ce soit d'une société aussi gangrenée ?

Déjà, les sondages l'indiquent, une majorité d'Européens se croient presque définitivement éloignés de la zone des tempêtes ; pour 80 % des Allemands, l'URSS n'est plus une menace [1] et, s'ils se prononcent massivement pour le maintien dans l'OTAN et la présence militaire américaine, 78 % des sondés veulent éliminer toutes les armes nucléaires d'Europe et 7 sondés sur 10 s'opposent également à toute amélioration des armements conventionnels en Europe [2]. Quant à la France, même si une majorité de ses habitants restent attachés à l'armement nucléaire, 56 % d'entre eux souhaiteraient une négociation immédiate (sans essayer de se défendre militairement) au cas où les armées soviétiques envahiraient le territoire national et 67 % d'entre eux recommanderaient l'adoption d'une position neutre en cas d'occupation de l'Allemagne fédérale [3]. Même s'il faut faire la part des choses, rappeler la fragilité des sondages qui mettent les individus en état de simulation (la réaction pourrait varier du tout au tout en cas d'agression réelle), il n'en reste pas moins que ces résultats font froid dans le dos ; d'ores et déjà, pour une majorité de nos compatriotes, la liberté semble un bien en sursis qui ne demande qu'un envahisseur pour nous être ravi.

1. Chiffres donnés et commentés par Joseph Jaffe, chef du service étranger à la *Suddeutsche Zeitung* (*Libération,* 11 avril 1989).
2. Sondage de la chaîne ouest-allemande ZDF, 24 octobre 1988.
3. Déjà en 1980, un sondage SOFRES paru dans *Actuel* (et reproduit par Claude Lefort dans *L'Invention démocratique, op. cit.,* p. 39) notait que, pour 63 % des personnes interrogées, en cas de pénétration soviétique sur le territoire français, « le président de la République devrait entamer aussitôt des négociations pour faire la paix avec l'Union soviétique ». Le thème de la collaboration éventuelle avec l'ennemi et même de la capitulation, pour lesquelles les Français ont montré dans l'histoire récente une prédisposition particulière, est devenu un sujet de plaisanterie nationale. Que faire d'autre en effet, sinon rire de nos lâchetés puisque nous ne pouvons les surmonter ?

Depuis la boucherie de 1914, au moins, la guerre n'a cessé en Europe d'apparaître comme un anachronisme d'autant plus effroyable qu'il engage non seulement les belligérants mais l'humanité entière. Dès le siècle dernier, l'anonymat de l'arme à feu et surtout du canon destituait le romantisme du corps à corps et de l'assaut (dont sont dépositaires de nos jours la police et les truands). Les batailles ont perdu leurs vertus héroïques et ne sont plus que l'expérience de la déshumanisation, de la mort par accident sous la mitraille ou les bombes. La bombe atomique, à son tour, a contribué à faire des conflits un événement abstrait, à déposséder les soldats de l'issue dernière, à transformer les armées en servantes pétrifiées de la dissuasion. Avec elle, l'affrontement final est devenu une fiction aussi abominable qu'irréelle. La guerre froide, enfin, a brouillé un peu plus les repères entre non-violence et confrontation armée : en instaurant un état mi-chair, mi-poisson où la mobilisation devient inutile et la démobilisation dangereuse, elle a peut-être rendu la paix belliqueuse mais surtout la guerre peu vraisemblable.

Il y avait en France un confort de l'anticommunisme : les risques d'une intervention véritable étant minimes, il permettait la pose martiale à bon compte. L'ennemi restait assez proche pour nous effrayer, trop loin pour nous menacer réellement. (Au fond, l'état idéal, c'est celui de ni vainqueur ni perdant.) D'une puissance dont on nous répète depuis quarante ans qu'elle va nous envahir et qui pourtant ne vient pas, que penser sinon qu'il s'agit d'une fausse alerte ? Dès lors comment ne pas sombrer dans un certain scepticisme ? D'autant qu'à la différence du nazisme nous n'avons pas combattu le communisme par les armes mais par le truchement du verbe, à distance. Bref, notre victoire ne fut pas arrachée de haute lutte mais subie. Toutes les tragédies des autres, nous les avons vécues, depuis quelques décennies, par procuration, dans la parodie. Et nous n'avons même pas eu à résister pour conserver notre indépendance nationale : les régimes qui prétendaient nous rayer de la carte se sont effondrés d'eux-mêmes. (C'est peut-être la certitude que les Européens, en cas d'attaque, se rendraient sans coup férir qui accablait les anticommunistes et les poussait à emboucher les trompettes du Jugement dernier.)

Comment s'étonner alors que la guerre semble un mauvais souvenir ou un simple spectacle, une calamité à l'usage des peuples pauvres ? Nous appartenons à une génération pour qui la hiérarchie, le commandement, la vie de caserne, les aboiements des caporaux ont toujours semblé une insupportable entrave à l'autonomie individuelle. Quel est le résultat le plus tangible du service militaire en France ? Celui de dresser une grande partie de la jeunesse contre l'armée, de faire de chaque appelé un pacifiste ou un neutraliste en puissance[1]. D'autant que les états de service de la « grande muette », de la débâcle de 1940 à Diên Biên Phû sans oublier la sale guerre en Algérie, ne sont pas spécialement exaltants. Que reste-t-il en effet du nationalisme en France ? La méfiance de l'Autre sans le courage de prendre les armes pour défendre la patrie ; soit la pire des choses : les œillères du chauvinisme moins la passion de l'indépendance[2]. Les Européens ne se détestent plus mais ils ne s'aiment toujours pas et l'abaissement des

1. Selon un rapport commandé à l'automne 1989 par le ministère de la Défense, un jeune Français sur quatre, appartenant en général aux milieux favorisés, n'effectue pas son service national. Ce dernier perd sa fonction traditionnelle d'égalisation des classes alors que les diplômés se dirigent de préférence vers le service civil. Dans tous les cas de figure, c'est l'idée de défense qui est la grande perdante.

2. A cet égard, la tentative de l'ancien ministre de l'Éducation Jean-Pierre Chevènement de faire chanter *La Marseillaise* dans les écoles afin de ranimer le sentiment patriotique ne paraît guère avoir été suivie d'effets. D'autant qu'en matière de xénophobie, la chanson de Rouget de Lisle ne le cède en rien au *Deutschland über alles*. Rappelons qu'aux USA, pendant l'été 1989, le président Bush voulut faire adopter un amendement constitutionnel interdisant la profanation du drapeau américain, alors que le Sénat et la Chambre se prononçaient pour une simple loi. En France également, dans l'île de la Réunion, deux indépendantistes ont été condamnés en 1989 pour avoir profané le drapeau de la République. Même en temps de paix, un nationalisme agressif peut subsister en se vouant à la célébration de ses propres symboles. Charles Fried, conseiller juridique de Ronald Reagan, a évoqué la création possible, sur le plan pénal, d'un « blasphème civil ».

## *Hegel à la Maison-Blanche*

Depuis que G.W.F. Hegel s'est installé à Washington en la personne de son avatar américano-japonais, le conseiller Francis Fukuyama, les meilleurs esprits de la planète succombent au triomphalisme. Ils vont chantant dans toutes les langues : « Nous avons gagné, nous avons gagné. » Comment ne pas les comprendre ? L'évidente séduction de la thèse de Mr. Fukuyama sur la fin de l'Histoire et l'hégémonie mondiale du système démocratique, c'est son irréalité[1]. Elle réconcilie la philosophie avec les vertus du panorama : c'est en siècles, c'est en millénaires désormais qu'il faut penser. De l'arche de Noé à Disneyworld, Mr. Fukuyama a résumé tout le genre humain en vingt pages : qui dit mieux ?

On pourrait lui objecter qu'il confond la réalisation d'un but particulier avec la fin de l'Histoire, l'effondrement du communisme avec l'apothéose de la Raison. Ces critiques seraient déplacées. A ses plus humbles lecteurs, Mr. Fukuyama offre la possibilité de s'élever au-dessus de leur condition de mortels et de voir d'un seul coup d'œil tout le parcours de l'humanité ; bref, il leur permet d'être Dieu.

A cette altitude, la question de savoir si son idée est vraie ou fausse est oiseuse : tout la confirme, car rien ne la dément. Indiscutable au sens propre du terme, elle ne peut faire l'objet ni d'une réfutation ni d'une approbation. Et l'idée contraire serait tout aussi irrécusable. Car sur ces sommets nous ne raisonnons plus, nous nous grisons d'air pur, l'exaltation est à son comble, la fourmilière humaine déroule sous notre regard son tapis majestueux.

Imaginons un instant que notre optimiste dise vrai, que l'Histoire soit finie. Funeste nouvelle ! Un désir comblé est un désir douché et qu'y a-t-il de plus angoissant que le manque lorsqu'il vient à manquer ? La séduction d'un idéal, c'est d'être inachevé. Souhaitons ne jamais voir la démocratie accomplie : ce serait peut-être un cauchemar !

1. « The End of History », *National Interest,* été 1989 ; traduction française dans *Commentaire,* n° 47.

frontières entre les pays de la communauté n'a rien changé à ce fait.

Lénine disait qu'une classe de possédants a trop à perdre pour faire la révolution (au nom de cet argument, tous les gouvernements modérés ont encouragé l'accession des plus démunis à la propriété) ; mais peut-être avons-nous aussi trop à perdre pour défendre la démocratie si elle venait à être mise en danger ? Si c'est la guerre qui apprend aux hommes qu'ils sont citoyens, selon la formule d'Aron, peut-être en écartant le risque suprême avons-nous déjà renoncé à la citoyenneté, avons-nous déjà sacrifié la prospérité à la liberté ? *Plutôt mous que morts* serait donc le vrai slogan de notre époque. Jamais nous n'avons mieux vécu, jamais nous n'avons été aussi peu prêts à mourir pour notre confort comme s'il oblitérait jusqu'à notre volonté de le défendre. La France, comme une bonne partie de l'Europe, est un beau fruit mûr prêt à tomber entre les mains du premier conquérant.

## Rendez-moi mon adversaire

Julien Benda soutenait, dans *La Jeunesse d'un clerc,* qu'il faut moins aimer la démocratie que haïr ceux qui s'y opposent parce qu'ils s'y opposent toujours au nom de l'inégalité de naissance ou de fortune, c'est-à-dire de l'injustice. Soit ! Mais lorsque tout le monde est pour ? Lorsque même les dirigeants de la plus vaste dictature payent un tribut, du moins verbal, aux droits de l'homme, au pluralisme, qui faut-il aimer, qui faut-il détester ? Si les régimes les plus arbitraires se disent candidats à notre ressemblance et tendent vers notre perfection, comment gérer cette supériorité que tous nous reconnaissent ?

Autrement dit, il se pourrait bien qu'avec la désagrégation

du bloc socialiste, la célèbre formule de Churchill (« La démocratie, le pire des régimes à l'exception de tous les autres ») devienne caduque. Quand la majorité des États acceptent nos normes politiques, que va-t-il nous rester pour nous définir ? Comment, sans un adversaire résolu qui l'intronise et la fonde, la démocratie pourra-t-elle survivre à la déception qu'elle engendrera forcément puisqu'elle se confondra avec l'état de choses et deviendra à son tour le « pire des régimes », le seul existant ?

Il serait possible, après tout, que le marxisme décaféiné de Gorbatchev réussisse ce que le stalinisme n'avait pu accomplir : l'affaiblissement de l'Europe tétanisée par son triomphe, victime d'un brutal déficit immunitaire. (Il sera déjà parvenu au moins à ébranler son unité en relançant la question allemande et à mettre en crise les états-majors occidentaux ainsi que celui de l'OTAN.) C'est peut-être tout le projet communautaire qui va voler en éclats puisqu'il s'était constitué aussi contre le bloc communiste et risque de s'émietter à nouveau en nationalismes incompatibles. (Et puis, si, contre toute attente, des régimes totalitaires ont manifesté un désir de liberté, pourquoi nos régimes pluralistes ne montreraient-ils pas en sens inverse une aspiration à la servitude ?)

Il se peut que l'Histoire évolue vers la non-violence, que les batailles ne soient plus qu'un souvenir d'enfance de l'humanité, que la « Troisième mondiale » n'arrive jamais, que tous les pays, comme la Suisse en 1989, soumettent à référendum la liquidation de leur armée. Il se peut que ce soit l'inverse : que certains hauts commandements, par volonté d'en découdre ou pour garder le moral des troupes, se lancent dans des expéditions, des campagnes meurtrières.

La détente entre les Grands, si elle doit déboucher sur la paix, heurtera bien sûr les marchands de canons et les professionnels de l'anticommunisme, contraints à de douloureuses reconversions. Elle rendra plus difficile aux gouvernements occidentaux le soutien pour raison « stratégique » aux despotes du tiers monde. Enfin, elle nous réjouira et nous blessera tous. Un ennemi, c'est une provision d'avenir, une manière pour un groupe d'assurer sa cohésion, de se poser en s'opposant ; c'est aussi la meilleure façon de se réformer en corrigeant sans cesse l'image gauchie que l'autre lui tend. C'est enfin la certitude de durer à travers l'hostilité de l'autre qui, paradoxalement, nous conforte en nous niant. Si l'on n'est jamais sûr de l'amour de ses amis, on peut se reposer tranquille sur la haine de ses ennemis.

Qui prétendra jamais comme le communisme substituer un autre système à nos valeurs ? Qui nous lancera un défi symbolique de cette ampleur ? L'islam intégriste ? Mais il s'est pour l'instant autodévoré dans le conflit Irak-Iran et il est d'abord dirigé contre les musulmans eux-mêmes. Les terroristes, les narco-trafiquants ? Mais ils prolifèrent aux marges de nos sociétés et les parasitent plus qu'ils ne les combattent. Les destructeurs de l'environnement ? La dispersion des fronts y est trop grande et comment haïr des consortiums chimiques, des industries de transformation qui, par ailleurs, rendent de réels services à la collectivité ? Autant de dangers qui n'arrivent pas à se synthétiser en un seul. Nous voici presque contraints au principe évangélique : « Aime tes ennemis. » Il faudra vite en retrouver d'autres : notre équilibre est à ce prix. Réjouissons-nous de ceux qui ont juré notre perte, ils vont peut-être nous sauver.

Au fond, ces bolcheviks, nous avions fini par nous y attacher. Nous les chérissions avec une délectation morbide comme certains malades entretiennent leurs plaies ou leurs abcès. Nous avions même fait notre deuil des nations au-delà du rideau de fer. Une tacite division du travail réservait à l'Ouest les bénéfices de la richesse et à l'Est les grandeurs de la vie spirituelle, petit lot de consolation pour peuples asservis. Et notre enthousiasme prudent devant l'affranchissement de ces pays n'est pas exempt de mauvaise conscience.

Sans même parler du contentieux existant entre les deux Europes depuis le traité de Trianon (1920), Munich et Yalta, les Polonais, les Tchèques, les Hongrois et les Baltes peuvent, à juste titre, nous reprocher de nous être résignés à leur servage. A l'heure des comptes, notre dette morale risque de peser extrêmement lourd.

S'il disparaît définitivement, le communisme nous manquera ; il se peut même que sa désintégration entraîne chez nous autant d'angoisse que sa naissance sous forme d'État en 1917. Un totalitarisme à l'extérieur, cela permettait de se sentir bon, vertueux chez soi. Mais où est le mal désormais ? Qui tiendra la part du diable, du salaud de prédilection ? Et si la fin du péril rouge c'était aussi le triomphe de la peur, capable de prendre maintenant tous les visages, y compris celui de mon voisin, de mon allié d'hier ?

CHAPITRE II

# La politique invisible

> Je ne sais plus contre qui me battre. On ne peut pas faire la guerre pour l'unique plaisir de retrouver la fraternité des combats.
>
> Roger Vailland,
> *La Fête*

> O Dieu, montrez-moi l'ennemi. Une fois que vous avez trouvé qui est l'ennemi, vous pouvez le tuer. Mais ces gens ici m'induisent en erreur. Qui me blesse ? Qui abîme ma vie ? Dites-moi à qui rendre les coups ?
>
> V.S. Naipaul,
> *In a Free State,*
> Penguin, 1971

Un moraliste proposa un jour de mettre fin aux chamailleries politiques en découpant les cervelles des militants adverses en deux pour recoller ensuite la moitié de l'une avec la moitié de l'autre. Ce conseil farce semble avoir trouvé chez nous un début de réalisation. Qu'y a-t-il en effet de plus monotone, de plus insipide que la politique intérieure de nos pays ?

La démocratie, on le sait, place la vérité où les autres régimes mettent l'erreur : dans la discorde, limitée et codifiée par des règles constitutionnelles. Sa grandeur est de conspirer contre soi, son pari de désarmer les intentions agressives en leur donnant une place. Elle entend donc faire du consensus avec de la division, de la paix avec des intérêts divergents, de la citoyenneté avec des égoïsmes individuels. Fondée sur le dialogue entre composantes rivales, elle ne peut se passer d'un gouvernement et d'une opposition, celle-ci étant, comme le disent joliment les Anglais, un service public. Mais encore faut-il, pour que l'antagonisme soit fructueux, que les désaccords aient une consistance véritable. Or, depuis une vingtaine d'années, les pays occidentaux sont le siège d'un rapprochement entre la droite et la gauche comme si ces contraires, en dépit d'une antipathie de façade, avaient déjà fraternisé.

## La chute de tension

Comment en est-on arrivé là ? Par un fait exaltant peut-être, mais douloureux : la fécondité de l'affrontement entre libéralisme et socialisme semble chez nous en voie d'épuisement. Ces deux grands systèmes de pensée, partie intégrante de la culture occidentale, n'ont triomphé l'un de l'autre qu'en s'amalgamant. C'est la réussite de l'État-providence, quels que soient par ailleurs ses effets pervers, que d'avoir désamorcé ce face-à-face par des mécanismes de redistribution liés à une philosophie de la solidarité[1]. Si le socialisme dirigiste s'est révélé un désastre, le libéralisme doctrinaire, en tant que croyance dans un marché autorégulateur et une organisation spontanée de la société, est mort dès les années 30[2]. Partout dans les pays développés prédomine à des degrés variables la

1. Jacques Donzelot s'est fait l'historien de cette aventure dans son excellent travail *L'Invention du social. Essai sur le déclin des passions politiques,* Fayard, 1984.
2. Nous ne pouvons que renvoyer ici à la magistrale étude de Karl Polanyi dans *La Grande Transformation,* Gallimard, 1983, préface de Louis Dumont. Polanyi précise que la fin du libéralisme ne signifie pas la fin du marché mais seulement la fin de sa prétention à être un organe d'autorégulation. Il faut aussi, ajoute-t-il, garder vivantes les libertés que la société libérale a instituées.

formule de l'économie mixte, une combinaison d'initiative privée et d'intervention publique [1] ; partout l'État corrige le marché autant que le marché le déborde [2]. Bref, deux familles d'esprit connaissent un déclin similaire : les étatistes et les abolitionnistes de l'État.

Il aura fallu qu'en France un gouvernement socialiste exaltât les vertus du profit, de la Bourse et de la libre entreprise et que la droite modérée, une fois revenue au pouvoir, respectât sans sourciller la protection sociale pour que cette vérité, d'abord honteuse, nous apparaisse dans tout son éclat. En s'alliant, libéralisme et socialisme sont devenus le bien de tous avec cette contrepartie que le clivage gauche/droite a vécu, même s'il demeure au niveau parlementaire. (Toutes les théories politiques gardent une validité partielle : il y aura toujours assez d'injustice pour justifier une lecture socialisante ou marxiste du monde ; toujours assez de preuves de l'extraordinaire vitalité du marché pour légitimer une vision libérale ; mais aucune ne peut plus prétendre apporter *la* solution aux problèmes des hommes.)

Souvenons-nous ! Il fut un temps en France où être de gauche avait un sens : celui d'allier une conviction morale avec une volonté historique et un style de vie. A la droite était laissée la tâche ingrate de défendre les possédants, de

1. Y compris bien sûr aux USA où le poids de l'État ne cesse d'augmenter depuis le krach de 1929 et le New Deal rooseveltien. Sa part dans le PNB est passée de 22 % à la fin de la présidence de Jimmy Carter à 25 % en 1988 au terme des années Reagan. Cet accroissement sans précédent des dépenses fédérales est dû principalement aux efforts de défense. On connaît le rôle du gouvernement fédéral dans la fixation des quotas d'importation en provenance du Japon et de la CEE (surtout pour ce qui touche les produits agricoles). L'intervention de l'État s'est renforcée depuis 1986 avec la loi sur le commerce international, qui prévoit des représailles substantielles envers les nations qui ont usé de pratiques déloyales envers les USA. Enfin, un débat s'ouvre en ce moment outre-Atlantique sur la nécessité d'une « politique industrielle » — termes presque synonymes là-bas de socialisme — à la fois pour contrer l'expansion japonaise et enrayer le déclin économique du pays (voir à ce sujet l'article d'Éric Le Boucher, « L'Amérique nippophobe », *Le Monde*, 15 février 1990).

2. L'hypothèse a même été formulée que l'État serait la meilleure forme que le marché a trouvée pour se réguler.

***Qu'est-ce qu'un pauvre ?***

« Je croyais que les impôts n'étaient réservés qu'aux pauvres. » Avec cette merveilleuse formule, Lenoa Hemseley, reine de l'hôtellerie new-yorkaise, poursuivie pour fraude fiscale en 1989, a peut-être ramassé tout l'esprit d'une époque. Hier, le pauvre s'appelait le prolétaire en Europe, le damné de la terre dans le tiers monde ; parce qu'il n'était rien, il deviendrait tout et réconcilierait l'humanité avec elle-même. Aujourd'hui, il est un zéro social, une erreur technique, un non-sens théorique, deux fois exclu et comme survivance et comme désargenté. Notre époque le regarde un peu à la façon dont le maître d'école regarde le cancre : comme celui qui s'entête dans le dénuement. Tant de mauvaise volonté est confondante ; car non seulement la pauvreté résiste aux réformes, mais elle augmente : 200 000 sans-logis, 3 millions de gens dans la misère en France, 44 millions pour la CEE. Voilà qui fait une tache dans le paysage. Car le pauvre est l'équivalent de l'objet après consommation : un reste qui encombre. On ne sait que faire de lui comme on ne sait que faire de ces déchets sensibles que les pays développés se renvoient les uns les autres. Ainsi la question sociale rejoindra-t-elle peut-être bientôt celle du traitement des ordures ménagères : problème d'écologie, gestion des surplus humains et matériels. Et si on mettait les pauvres sur orbite ?

protéger les traditions, en somme de gérer le principe de réalité. Le « peuple de gauche » se voulait porté autant par une manière d'être que par le désir d'aider les plus démunis. Une quasi-sensibilité de société secrète unissait des gens d'origine diverse, capables de flairer l'ennemi comme l'animal flaire sa proie, rassemblés par des affinités instinctives qui éclataient dans la manière de s'habiller, de choisir ses vacances et même de faire l'amour[1]. Caviar, petite-bour-

1. Selon un écrivain conservateur qui accrédite cette idée avec humour, les femmes de gauche, après Mai 68, se détectaient aux cris bruyants, exagérément démonstratifs, qu'elles poussaient pendant l'acte amoureux (Denis Tillinac, *Un léger malentendu*, Laffont, 1988).

geoise ou prolétarienne, la gauche associait rigueur doctrinale et convivialité débridée, alors que la droite, intraitable sur les mœurs, combinait le laisser-faire économique à la rigidité morale.

Qu'importe qu'il y ait eu à gauche un différend inexpiable entre socialistes et communistes, et à droite entre modérés et extrémistes ; l'unité de la première se recomposait toujours contre l'autre, vouée par essence à l'exclusion[1]. Chacun souscrivait obscurément à ce jugement de Sartre : la droite, ce sont les salauds. Quant à cette dernière, elle ne tolérait la suprématie idéologique de la gauche que pour mieux la cantonner à l'infantilisme, à l'opposition éternelle, quitte à la soupçonner des plus noirs desseins si elle faisait mine de vouloir gouverner.

Chaque camp avait en face de soi non un interlocuteur mais un épouvantail ; au lieu de se parler, on s'invectivait. Et selon que vous prêtiez allégeance à Jaurès ou à Constant, vous apparteniez à deux versions de l'humanité : d'un côté l'éternelle justice demandant des comptes aux puissants, de l'autre l'égoïsme accapareur vautré sur ses privilèges. Bref, les grands appareils rejouaient la distinction chrétienne entre le royaume de la grâce et celui du péché.

Or cette ligne de partage, sorte de *lingua franca* universelle qui permettait de saluer alliés et adversaires par-delà les frontières, n'a pas résisté à l'arrivée au pouvoir de la gauche. En découvrant le pragmatisme, celle-ci a perdu l'innocence du programme ; en apprenant le purgatoire, la droite a cessé de se vivre comme prédestinée à l'exercice des affaires publiques. Enfin, le déclin numérique du prolétariat et la prédominance des classes moyennes ont donné à ce rapprochement politique une assise solide.

1. Voir à ce sujet l'article d'Alain Bergounioux et de Bernard Manin, « L'exclu de la nation. La gauche française et son mythe de l'adversaire », *Le Débat*, octobre 1980, n° 5.

## Jumeaux malgré soi

Ce brouillage des cartes dissipait rétrospectivement un certain nombre de préjugés ; gauche et droite ne s'opposaient pas comme le parti de l'ordre au parti du mouvement, elles étaient toutes deux porteuses de conceptions différentes du changement : l'une axée sur le partage et la planification, l'autre sur l'initiative individuelle et la production. Lorsque Régis Debray définit le progressisme comme « le refus de tenir le fait pour valeur », il souligne là un trait commun aux partis de l'échiquier politique et même à l'Occident en général : libéraux et socialistes sont tous partisans du progrès, et la société française a autant changé sous de Gaulle, Pompidou et Giscard que sous Mitterrand[1].

Pourtant l'*aggiornamento* de la gauche, qui aurait dû réjouir la droite, a au contraire achevé de les désintégrer l'une et l'autre. Soudain, les deux camps, payant les dividendes d'une réussite trop éclatante, se sont découverts avec effroi interchangeables ; à force de s'affronter, ils ont tout simplement permuté leurs valeurs au risque de perdre leur identité. Ce fut certes un progrès immense que de faire passer le concurrent politique du statut d'ennemi à celui d'adversaire à qui l'on reconnaît la liberté de penser autrement en lui consentant une place équitable. Mais c'est une chose que d'admettre le droit de l'autre à n'être pas d'accord avec moi, c'en est une autre que de partager avec lui sur tous les sujets une même opinion qui rend les débats inutiles ou n'invite qu'à des surenchères absurdes. Il est bon qu'un certain style de

1. En réalité, pensée libérale et pensée socialiste partagent depuis toujours un même culte du productivisme, de la propriété privée, de la famille et de la culture générale. Capitalisme et socialisme courent au même but mais par des moyens différents.

guerre civile politique ait disparu, celui qui faisait dire à un Charles Maurras avant guerre : « Il faut fusiller Blum dans le dos », ou qui poussait le stalinien Jacques Duclos à saluer le socialiste juif et résistant Jules Moch, fondateur des CRS, d'un *Heil Hitler* en 1947. Mais l'on dirait qu'en France la stérilité de l'agression systématique n'a été remplacée que par le confort de la division réglée à l'avance (ou de son corollaire, le désaccord artificiel).

A vrai dire, gauche et droite se sont pleinement ralliées aux règles de la compétition pacifique au moment où elles cessaient pour l'essentiel d'être différentes. Cette concomitance a fait porter à tort le discrédit sur le consensus : au lieu d'apparaître comme la meilleure des choses, il est devenu synonyme d'entente préalable, de quasi-complicité, de désintérêt pour les sujets débattus. Loin de la saine émulation qui les pousserait à inventer et à imaginer, droite et gauche se paralysent l'une l'autre comme si leur similitude était une camisole qui les entrave. Elles ont été gagnées aux vertus de la négociation « civilisée » au moment où elles n'avaient plus rien à négocier.

Comment valider encore le droit paradoxal d'exploiter les dissensions quand toutes les parties en présence disent la même chose ? Où est l'équilibre des forces opposées, cher à Montesquieu, si toutes les forces tirent dans le même sens ? Puisque aucune voix discordante ne s'élève pour proposer une autre vision du bien commun, l'unanimité actuelle, faute de confrontation, s'apparente à de l'inertie (avec cette conséquence perverse que la politique se fait et se décide au niveau de l'exécutif et de l'administration, non plus au Parlement). Majorité et opposition, engagées dans une course électorale permanente, réalisent, consternées, qu'elles ne servent plus qu'à collecter des bulletins de vote.

## La résurrection des morts

Que reste-t-il alors de la gauche et de la droite ? Des styles, des traditions différentes, mais la substance de l'affrontement a disparu. Il n'est plus une seule valeur de l'une que l'autre n'ait reprise à son compte, du nationalisme sourcilleux à l'élitisme républicain sans oublier les ventes d'armes, le maintien du pré carré africain, le traitement autoritaire de l'immigration, le contrôle des médias et le culte de l'économie pour l'économie chargée de produire non des biens mais des emplois. Il faudrait pour les distinguer désormais le discernement d'une mère capable de reconnaître au premier coup d'œil ses fils jumeaux.

Ne cherchons pas ici des coupables ou des traîtres : le processus échappe très largement aux acteurs eux-mêmes dès lors qu'acceptant les contraintes du marché international ils voient leur marge de manœuvre réduite (c'est toute l'Europe d'ailleurs qui unifie ses économies dans une discipline commune que d'aucuns appellent une asphyxie réciproque, essayant de conjoindre, avec un bonheur inégal, efficacité et justice sociale). Les deux parties se distinguent encore par des détails, des inflexions [1], mais jamais assez significatifs pour impulser une autre démarche. Gauche et droite ne sont plus que des souvenirs et leur reconstruction, si elle devait avoir lieu un jour, ne pourrait être que simultanée. En attendant, elles succombent ensemble. (Tiraillée entre le pouvoir et son

1. Ou des symboles : l'impôt sur les grandes fortunes, le revenu minimal d'insertion, ce dernier voté d'ailleurs à l'unanimité par le Parlement. Ces deux mesures sont les dernières vitrines idéologiques de la gauche, laquelle risque en ce domaine d'être bientôt rattrapée par le RPR qui, lors du congrès d'Arcachon en octobre 1989, a officiellement choisi la « sociale ». Déjà en 1976, deux mois avant la création du parti gaulliste, Jacques Chirac avait défendu lors d'un discours en Corrèze les valeurs d'un « véritable travaillisme français ». L'idée fut abandonnée tout de suite, mais elle est significative de la mobilité des thèmes qui passent de la droite à la gauche.

âme, la gauche préfère encore le premier mais expie ce triomphe par des remords cuisants. Son rapport avec la doctrine mère rappelle le culte des ancêtres chez certaines peuplades : elle paie un tribut verbal, souvent ardent, à ces vieilles idées pour qu'elles ne reviennent plus la hanter.) Bref, ce dont nous sommes privés, c'est d'un choix : il n'y a plus d'alternative, seulement de minuscules variations à l'intérieur d'un spectre de faible amplitude.

Nous voici proprement *désorientés,* puisque les étiquettes ne correspondent plus au flacon ; les paradigmes traditionnels à travers quoi nous avions appris l'histoirc et la politique sont en train de vaciller. Tel est le vertige de notre époque qui a bousculé tous les classements [1]. La fin de cette distribution est d'abord tragique pour les partis eux-mêmes. Droite et gauche espéraient autrefois vaincre en éliminant leur rival et reconstruire la société sur des bases nouvelles. Elles se rendent compte maintenant qu'elles n'existent plus l'une sans l'autre et qu'il leur faut encore et toujours exhumer cet adversaire abhorré sous peine de se volatiliser. Elles se haïssent d'autant plus qu'elles se ressemblent et multiplient injures et bassesses au fur et à mesure que leur communauté de vues s'accroît. Bref, leur sectarisme ne marque pas, comme hier, leur

1. Que le phénomène soit international et pas seulement français, c'est ce que prouve, par exemple, la situation de l'Espagne, où le Parti socialiste de Felipe Gonzalez est le meilleur propagateur des lois de l'économie de marché et du libéralisme ; l'accord historique conclu en Grèce en juillet 1989 entre les deux ennemis historiques, la droite conservatrice et le Parti communiste, au nom de l'intérêt national et de la moralisation de la vie publique ; l'abandon en Italie par le Parti communiste de toute référence au marxisme, ce qui vaut à son secrétaire général en tournée aux USA de se voir reprocher par les professeurs de l'université de New York de « perdre son âme » ; le revirement du Parti travailliste anglais au cours de l'année 1989 en faveur de l'Europe. Ne parlons pas des USA, où la différence toujours très mince entre démocrates et républicains est devenue quasi imperceptible. Mais partout dans le Vieux Monde, socialistes, sociaux-démocrates, chrétiens-démocrates, centristes et conservateurs voient leurs oppositions, déjà émoussées par une longue pratique du pouvoir en commun, s'atténuer ou même disparaître. L'extrémisme libéral de l'Angleterre thatchérienne fournit la seule exception à la règle. Renversement piquant : la patrie du « modérantisme » et du pragmatisme est aujourd'hui le pays le plus idéologique d'Europe.

incommensurable distance mais au contraire leur inquiétant rapprochement. C'est bien la terreur de disparaître dans la fusion comme le sucre dans le café qui explique cette quête forcenée de la divergence. Chaque camp en appelle désespérément à l'autre pour qu'il réendosse ou réincarne son stéréotype : le sans-culotte guillotineur supplie le versaillais fusilleur de venir à sa rescousse. Ah ! que la droite était jolie sous Pétain, que la gauche serait désirable si elle retournait au bolchevisme ! Ainsi voit-on deux intellectuels de bord opposé, Régis Debray et Jean-François Revel, tenter de réactiver par tous les moyens la figure de l'Autre, l'un en réhabilitant les mythologies républicaines et le militantisme, l'autre en dénonçant pour la énième fois l'aveuglement de la gauche face au péril rouge, d'une gauche qui favorise « l'énorme distillation universelle et quotidienne de l'idéologie marxiste par des millions de canaux dans le monde entier[1] » *(sic)* !

Autre chassé-croisé risible : pendant la campagne présidentielle de 1988, le RPR reproche à François Mitterrand d'être un faux socialiste alors que celui-ci accuse le parti gaulliste de vouloir brader la Sécurité sociale (pourtant fondée par le général de Gaulle). Toujours à la même occasion, le ministre de la Culture socialiste Jack Lang avertit les électeurs qu'en votant pour Chirac ou Mitterrand, ils voteront pour ou contre la démocratie, tandis que le RPR Jacques Toubon leur explique que le choix est tout simplement entre liberté et collectivisme[2]. Outre-Atlantique, au même moment, il est vrai, le candidat Bush accusait son adversaire démocrate Dukakis d'être l'ami des criminels !

1. Respectivement *Que vive la République,* Odile Jacob, 1989, et *La Connaissance inutile,* Grasset, 1988.

2. Le débat devait atteindre des profondeurs abyssales lorsqu'au cours d'un entretien télévisé avec François Mitterrand en 1988 pour cette même campagne présidentielle, Jacques Chirac lança : « En tant que maire de Paris et en tant qu'homme, je vous en ai voulu à l'époque : en 1984, vous avez plus que doublé le taux de TVA sur les aliments pour chiens et chats. » Ah ! si les chiens et les chats pouvaient voter !

Escarmouches normales, dira-t-on ; oui, mais qui n'ont jamais sonné aussi faux. En soi la violence verbale n'a rien de répréhensible quand elle sous-tend de vrais objectifs ; détachée du réel, elle oscille entre la calomnie et le grotesque. Pourquoi cette débauche de venin et de crachats, ces jets de fiel auxquels les ténors des grandes formations sacrifient régulièrement ? Pour masquer l'absence d'option crédible, mais surtout pour ressusciter de façon quasi magique un ennemi comme ces chimistes du siècle passé qui prétendaient réveiller les cadavres par des décharges électriques. Ce que disent les politiciens, lorsqu'ils relèvent le menton ou donnent de la voix, c'est : attention, j'existe, je suis la gauche véritable, le libéralisme authentique, proposition dont ils sont eux-mêmes si peu sûrs qu'ils doivent la répéter régulièrement.

Tels des enfants privés de leur souffre-douleur, ils se requinquent par l'insulte et réclament à cor et à cri un hochet, une tête de Turc sur qui exercer leur hargne. Les vieux réflexes manichéens survivent à la fin de la bipolarité, cherchant désespérément une pâture à leur voracité. Cette quête pitoyable d'un adversaire n'est sauvée de l'ennui que par un comique involontaire : le décalage va croissant entre le lyrisme déclamatoire des partis et l'incrédulité du public à leur égard et surtout entre les principes affichés et les pratiques effectives. Quand un ministre socialiste tonne contre « le Saint-Empire du capital », qui cherche-t-il à convaincre, sinon lui-même ? Car nos grands prêtres sont gagnés à leur tour par le désenchantement : ils parlent le langage guerrier de l'absolu, brandissent l'orthodoxie, mais leur pose sent la fatigue ; au fond ils n'y croient plus et leurs messes belliqueuses, leurs bisbilles microscopiques de leurs états-majors ressemblent à ces aboiements de chiens qui éclatent à la campagne pendant des heures et s'éteignent brutalement dans un spasme [1].

1. Rien de tel dans ce cas que de laisser parler les acteurs eux-mêmes. L'ancien ministre des Finances Édouard Balladur constate dans une interview au *Monde*, le 30 mai 1989, qu'il y a « comme un affaissement des convictions à droite comme à

### *Salaire, travail, patience*

Travailler pour s'enrichir ? Qui croit encore à cette fable ? On ne s'enrichit que par le travail des autres. Qui peut penser que c'est à force de labeur, de bonne volonté que l'on atteint l'aisance quand tant de fortunes s'édifient en quelques mois sur le maniement de services ou de biens immatériels ? Il y a donc l'univers majoritaire des cocus consentants, de la plèbe imbécile rivée à sa morne tâche et celui des gagneurs, des nababs, des rupins flamboyants qui paradent au grand dam des autres. On comprend alors le succès des jeux de hasard dans un monde où les chances de réussir par une élévation progressive sont limitées. Puisque chacun est possédé par l'envie de monter socialement et empêché de le faire car il n'y a pas de place pour tous au sommet, c'est d'une improbable combinaison mathématique, d'une loterie qu'on attend désormais une amélioration.

Au Moyen Age, quand grondait la révolte, l'Église recommandait au peuple de patienter en attendant le ciel. Aujourd'hui, que dit-on aux salariés ? En temps de crise : rigueur et compression des traitements. En temps de croissance : attention, une hausse trop forte ramènera la crise. Dans les deux cas, un même message : attendez demain. Comme autrefois, on offre la consolation du plus tard à la morosité du présent.

Si l'écart des rémunérations demeure irréductible, quelles que soient les réformes envisagées, c'est donc que l'inégalité est au fondement du système, non comme un accident mais comme sa nature (et le capitalisme pourrait bien faire l'objet d'une contestation d'autant plus violente qu'il reste seul en lice). Dans nos sociétés de profit, les différences de salaire sont l'équivalent des différences de naissance dans les sociétés de castes : une barrière métaphysique.

gauche [...] notre vie politique est atone, il est grand temps de lui redonner un peu de vigueur ». Pierre Mauroy reconnaissait, lors d'une réunion des dirigeants du Parti socialiste en octobre 1989, que les socialistes ne proposent pas « d'alternative suffisamment claire au système capitaliste international. Nous manquons de la grande idée qui nous permettra d'en opérer la transformation » (cité dans *Le Monde*, 21 octobre 1989). Michel Rocard enfin, lors d'un discours devant les militants de son courant le 27 janvier 1990 au CNIT de La Défense, concédait qu'il faut « redonner au socialisme un contenu, une perspective, une ambition mobilisatrice ».

A cet égard, le phénomène Le Pen représenta une aubaine inespérée dans l'apathie ambiante ; avec lui, pour un temps, tout parut s'arranger. Enfin, dans le monde de la mièvrerie consensuelle, réapparaissait le barbare, la brute bottée et casquée qui allait remobiliser contre elle les cœurs purs. Avatar du mal éternel, Le Pen avec son idéologie raciste eut au moins un mérite : il fut un grand pourvoyeur de simplicité. Alors, toute la France politique et intellectuelle réédita, de façon verbale, le combat de la liberté contre la peste brune. Qui, devant le leader d'extrême droite à un moment ou à un autre, ne s'est pas drapé dans sa toge d'antifasciste pour prendre le siècle à témoin et dire : « J'étais là ! » ?

Le paradoxe, c'est qu'une relative désinvolture a vite succédé aux réactions émotionnelles du début ; une fois Le Pen ancré dans le paysage électoral français, une fois les groupuscules fascisants revenus par la voie des urnes dans l'ensemble de l'Europe occidentale, Allemagne comprise, chacun s'en est détourné pour quêter d'autres sujets d'indignation. Et il fallut la législative partielle de Dreux en décembre 1989, où la candidate lepéniste obtint plus de 60 % des suffrages, pour que la classe politique, consternée, réalise que le Front national restait bien vivant (sans qu'on puisse savoir s'il s'agit d'une résurgence morbide ou d'un mouvement de fond). Tant il est vrai que l'exorcisme peut servir d'alibi à la torpeur et à la paresse.

## Le citoyen versatile

Ne regrettons pas le tête-à-tête infernal entre la droite et la gauche : nous étions las de ces scènes entre vieux époux. Pourtant ce clivage, même tempéré par le régime présidentiel, avait son utilité : il servait à rassembler les citoyens dans un langage commun, à leur apprendre la société et le monde.

C'était un dualisme pauvre, excessivement simplificateur, mais c'est lui qui nous a façonnés en maintenant une fenêtre, si modeste soit-elle, ouverte sur la vie publique. Il est à craindre que cette fenêtre, une fois refermée, ne favorise l'atonie plus que la curiosité. Il importe en effet que subsiste entre les hommes un idiome à la fois imprécis et suffisamment clair pour être entendu par tous et qui leur permette d'échanger leurs espérances et leurs démêlés. C'est la tâche des partis politiques que d'assurer cette médiation, que de servir de relais à l'opinion publique, que de concilier l'intelligibilité du réel au respect de sa complexité.

Or, depuis quelques années, le discours politique manifeste le souci louable d'abandonner les schématismes doctrinaires pour coller au divers ; mais cette fidélité aux nuances, aux logiques locales et régionales, est gagnée au détriment d'une vision d'ensemble. Si les nouveaux héros, paraît-il, sont les maires et les conseillers municipaux, si les associations fleurissent, ce repli sur la vie du quartier, de la commune, du département, aussi bénéfique soit-il, accroît le morcellement. La complexité se dégrade en complication, en myriade de pluralités opaques, ce qui a pour effet de brouiller les choses au point de nous en détourner. Nous n'arrivons plus à trier la masse des informations qui nous arrivent selon une grille pertinente, nous ne reconnaissons plus les partis qui prétendent nous représenter. C'est bien la visibilité du monde qui s'évapore dans un kaléidoscope de faits, de données, de chiffres, de paroles incompréhensibles. Un système de lecture s'effrite sans qu'un autre le remplace et sur ces ruines germe la perplexité. Entre les nostalgiques qui ont perdu dans la fin des combats une raison d'être et les modérés qui y ont retrouvé une raison de vivre, nous n'avons le choix qu'entre deux inconforts.

De là l'inconséquence de l'électorat approuvant toujours le dernier qui a parlé, devenu traître à toutes les causes parce que successivement fidèle à chacune. Quand ils ne s'abstiennent pas massivement, les gens votent par réflexe plus que par réflexion, par fidélité à une vulgate à laquelle ils continuent d'adhérer même s'ils n'y croient plus (les débats, on le sait, influent à peine sur les décisions)[1]. Le véritable ressort devient négatif : on élit moins un nouveau candidat qu'on chasse celui dont on ne veut plus, pour sanctionner une équipe qui nous a déçus. Et l'on change de personnel politique comme on zappe à la télévision, par fatigue des mêmes images, puisque désormais ce sont moins les idées que les hommes qui comptent. Pourquoi l'électeur se soucierait-il du vote si on lui propose des options rigoureusement similaires, si, au cours des campagnes, la publicité et le clip l'emportent sur la discussion, la démagogie sur la réflexion, le spectaculaire sur le profond[2] ? Pourquoi attendre de lui un sérieux, une assiduité, une vertu, en un mot, que la classe politique elle-même bafoue ?

Il y a longtemps chez nous que les élections ne sont même plus des petits suspenses mais des formalités sans conséquence : d'où la multiplication des votes protestataires à

1. A partir d'études détaillées, Guy Hermet a montré qu'en France « les électeurs qui se déclarent certains par avance de leur choix forment la majorité puisqu'ils ne représentent jamais moins de 87 % des clients de chacune des grandes formations partisanes selon une enquête nationale réalisée en 1986 ». L'auteur constate d'autre part que les progrès de l'abstention dans les démocraties les plus anciennes, Suisse et Royaume-Uni, pourraient bien préluder au dépérissement du gouvernement représentatif en Europe (dans *Le Peuple contre la démocratie*, Fayard, 1989, p. 72-73 et 77).

2. La dégradation publicitaire du discours politique est particulièrement sensible aux USA, où, au cours de la dernière présidentielle de 1988, le candidat Dukakis s'est vu reprocher son sérieux par les médias, qui félicitèrent son rival Bush pour son apparence souriante et décontractée. Toujours aux USA, la moyenne de l'extrait sonore diffusé à l'écran *(sound byte)* des discours respectifs de chaque candidat est tombé de quarante-cinq secondes, il y a dix ans, à huit en 1988 (information fournie par Serge Halimi, *Le Monde diplomatique,* décembre 1988). Entrecoupées de publicités, les actualités des principales chaînes américaines alternent les images de catastrophe et de famine avec des visions de couches pour bébé, de boissons pétillantes, de tampons hygiéniques. Comme si la raison marchande et mercantile avait déjà triomphé de la raison politique. En cas de guerre atomique, la retransmission des événements en direct serait-elle interrompue par des spots ? L'explosion finale serait-elle contemporaine de l'apparition sur tous les écrans d'un Big Mac dégoulinant de ketchup ?

l'extrême droite et chez les Verts, d'où la renaissance de l'antiparlementarisme. (La France en a donné une illustration navrante lorsqu'en décembre 1989 des élus de l'opposition, manifestant devant le Quai d'Orsay en faveur du Liban, ont été matraqués par les forces de l'ordre. « C'est quoi, ça ? » a demandé un policier en attrapant l'écharpe tricolore que lui présentait le député Philippe de Villiers en guise de laissez-passer. Ce « c'est quoi, ça ? » est digne de figurer dans l'histoire du sens civique hexagonal !) Renversement savoureux : aujourd'hui, ce sont les gouvernements qui draguent les citoyens, les supplient de participer, de faire leur devoir civique. Un peu comme ce tyran d'un dialogue de Xénophon qui voulait l'amour de ses sujets sans pour autant renoncer au despotisme, nos responsables voudraient à la fois notre support enthousiaste, nos critiques et la paix sociale.

Que devrait être une démocratie ? L'initiation permanente aux idées pluralistes. Qu'est-elle en réalité ? L'apprentissage constant au désintérêt pour la cité. Elle forme ce système contradictoire qui autorise non seulement à le combattre mais plus encore à se détourner de lui, à l'oublier pour vaquer à nos propres affaires. Le droit d'oublier la politique, qui est l'un des droits fondamentaux des Modernes, tend à supplanter tous les autres. Chacun devient en puissance un déserteur de la chose publique, un exilé de l'intérieur. Insensible aux vieilles joutes, le citoyen de cette fin de siècle fait son marché dans les idéologies adverses, picorant ce qui lui convient, prenant le meilleur de chacune [1]. Manifestant une irrévérence totale pour les dirigeants, laquelle s'inverse parfois en idolâtrie (Mitterrand-Dieu, Begin-roi, *Reagan for Pope*), il prête une oreille attentive et également distraite à des croyances

1. Un sondage Gallup pour le *Daily Telegraph* montre qu'une majorité d'Anglais, tout en admettant les bienfaits du thatchérisme sur le plan économique, reste favorable à des syndicats puissants et à des services publics conséquents. La fameuse révolution conservatrice peut parfaitement cohabiter avec un courant égalitaire et interventionniste (sondage cité par David S. Broden, *International Herald Tribune*, 11 mai 1989).

antagonistes ; adepte de l'État minimal, il réclame du dirigisme ; socialiste, il veut du marché, véritable passe-muraille qui réconcilie en lui deux siècles d'inimitiés.

Quelle naïveté de croire à un renouveau libéral ici, à une percée socialiste là, comme si l'opinion faisait preuve en ce domaine d'une cohérence. (Il y eut bien en France au cours des dernières années découverte et redécouverte de la pensée libérale trop longtemps occultée par le marxisme. Mais cette pensée ne fut pas adoptée comme un succédané ; elle a seulement retrouvé la juste et immense place qui lui revient.) C'est l'idée d'une voie unique du salut qui est récusée alors que prédomine la tendance à l'alliage, au saupoudrage empirique ; la volonté d'affaiblir l'État va de pair avec le désir de se servir de lui ; dénuée de tout héroïsme, la société civile entretient avec cette puissance tutélaire un rapport qui est parfois d'affrontement mais le plus souvent d'utilisation. Ainsi va, de San Francisco à Helsinki, la douce irresponsabilité du citoyen moderne qui s'insurge contre la bureaucratie au moment même où il multiplie les demandes de prise en charge. Plus les gens sont individualistes, plus ils revendiquent de l'État ; c'est d'un même geste qu'ils attendent de lui et le respect de leur autonomie et une protection accrue.

Qu'est-ce que l'homme contemporain ? La somme de toutes les luttes qui l'ont façonné, la joyeuse cacophonie d'un conservateur, d'un révolutionnaire, d'un agnostique et d'un croyant qui tirent à hue et à dia, soit un petit chaos d'idées adverses qui désire tout et son contraire. Parcouru d'engouements passagers comme de convictions aléatoires, il voit ses opinions flotter telles les monnaies au gré des circonstances [1].

1. A en croire leur presse, les Américains, eux aussi, désirent plus de prestations, de services de santé, d'hôpitaux, de routes, de transports publics, mais renâclent à payer pour eux. Selon l'hebdomadaire *Newsweek,* même en Californie, d'où était parti le mouvement contre la fiscalité à la fin des années 70, l'idée est de plus en plus admise qu'il faudra faire des sacrifices et augmenter les impôts si l'on veut maintenir une qualité de vie égale (Michael Reese et Jennifer Foote, « The End of the Dream », 31 juillet 1989).

Voltigeur des credo, brasseur de vulgates, il bat la droite et la gauche comme on bat les œufs pour l'omelette sans être certain que le résultat sera savoureux [1]. Partout une espèce de juste milieu prédomine entre doctrines antagonistes qui se neutralisent réciproquement, illustration caricaturale des analyses de Montesquieu sur les contre-pouvoirs [2]. Signe de sagesse ? Peut-être ! Mais d'une sagesse qui s'accommode parfaitement des exclusions et de la montée des xénophobies à travers toute l'Europe.

Ainsi nos pays développés en viennent-ils à une dépolitisation dont aucun régime autoritaire n'oserait rêver. Le despotisme fait une sorte de vertu de la résignation, décourageant ses sujets de ne rien entreprendre. Nous y venons par des moyens exactement contraires : par le bien-être et un esprit d'indépendance farouche. Les libertés fondamentales sont garanties mais l'individu, égaré autant qu'incrédule, se retire de la chose publique (ou plutôt, et cette nuance est de taille, il se met en réserve plus qu'en retrait de la politique). Tout se passe comme si nous n'avions acquis des droits que pour ne pas en user ; comme si le peuple se laissait volontairement

1. Un sondage publié par le magazine *Le Point* en 1988 nous apprend que 44 % des Français contre 25 sont en faveur de la planification, mais 71 % contre 15 pour la concurrence, 69 % contre 19 pour le libre-échange, 42 % contre 36 pour les privatisations, mais 51 % contre 29 contre le capitalisme et 51 % contre 31 pour le socialisme, tandis que 68 % contre 17 rejettent communisme et marxisme. Bref, le Français d'aujourd'hui est un enfant gâté qui veut tout et le meilleur de tout : une monnaie forte, une liberté de manœuvre absolue et les avantages de la sécurité. Un autre sondage Louis Harris (*L'Express* du 10 novembre 1989) révèle que 69 % des Français avouent ne pas s'intéresser du tout à la politique, tandis que 58 % d'entre eux considèrent les notions de gauche/droite dépassées contre 33 % en mars 1981.

2. On en trouve un exemple savoureux dans le salmigondis du candidat d'extrême gauche, l'ex-communiste Pierre Juquin, à l'élection présidentielle de 1988, dont l'un des slogans disait : « La lutte, mon frère, sur cette planète, c'est là qu'on s'éclate. » Le premier terme fait encore référence au marxisme, le second est un clin d'œil aux chrétiens, le troisième un appel du pied aux écologistes, quant à la dernière expression, elle entend séduire les jeunes et les « branchés ». Quand la retape idéologique atteint de telles dimensions, on hésite entre le fou rire et la consternation. Dans un autre registre, le RPR, se prenant sans doute déjà pour un grand magasin, a choisi pour slogan : « Le RPR est ouvert toute l'année. »

déposséder de son pouvoir, consentant à n'être plus qu'un souverain nominal. Si la politique n'a plus besoin de tromper les hommes, c'est qu'elle est devenue l'art de les dépouiller de leurs prérogatives avec leur consentement. D'où l'alternance cyclothymique sous nos climats de désengagement progressif et de réengagement brutal des particuliers abandonnant un jour le terrain à l'État et aux partis pour le reconquérir le lendemain, au risque chaque fois d'être les dupes de ce renoncement.

## L'art d'accommoder les restes

Il est facile de comprendre, à travers l'actuelle tiédeur, l'utopie qui anima les années 80 : celle d'une autorégulation spontanée du système démocratique, une fois écartées les deux menaces du communisme et du fascisme. Une main invisible devait résoudre les problèmes, redresser les écarts, travailler à la félicité commune sous la conduite d'experts, de conseillers et de juristes [1]. La fiction à l'œuvre chez un certain nombre d'auteurs et de politologues voulait qu'au règne des passions succédât le gouvernement de la raison, c'est-à-dire l'extinction de l'idéologie au profit de la compétence ; avec, à

1. Si le développement du judiciaire est en soi une excellente chose, encore faut-il le contrebalancer par des mécanismes de contrôle. Du point de vue de l'homme de la rue, il importe peu finalement d'être pressuré, dessaisi par des bureaucrates ou des cabinets d'avocats. Dans les deux cas et en raison de la difficulté d'un domaine où il n'a pas accès, il est soumis au bon vouloir d'une caste qui peut l'abuser. Il faut donc défendre le citoyen contre ses défenseurs. L'exemple de l'Amérique, avec son pullulement d'hommes de loi, leur délire procédurier, leurs arguties interminables, leur racolage parfois éhonté du client, les pouvoirs exorbitants d'une Cour suprême tenant entre ses mains le sort de la nation, faisant des humeurs et des préjugés de neuf ou dix personnages les règles de 250 millions — comme le prouve la querelle de l'avortement relancée de façon malencontreuse par la décision d'un juge conservateur – nous montre exactement ce qu'il ne faut pas faire.

l'horizon, la disparition virtuelle du *parasite politique* devenu simplement l'art d'accommoder les restes, de régler les derniers détails comme si l'essentiel était fait. (Symptomatiques de cet état d'esprit sont les expressions comme « les bastilles qui restent à prendre », « les poches de pauvreté résiduelle », charriant un optimisme qui était déjà celui de la lutte finale dans le vocabulaire marxiste.) Or ce calcul qui ressuscite les rêves positivistes du XIX^e siècle se heurte, comme le communisme hier, à l'épreuve des faits : l'écart qui se creuse entre les salaires, entre les revenus du capital et ceux du travail, le chômage indéracinable, l'extension de la pauvreté et même d'une misère qu'on croyait révolue, la confiscation ou la concentration en France et en Europe du pouvoir par une super-élite comparable aux oligarchies anciennes prouvent, entre autres, que laissés à eux-mêmes les groupes humains sécrètent de l'injustice et tendent à écraser ou à écarter les plus désarmés[1]. Il n'est hélas qu'une harmonie spontanée entre les hommes, celle du fort contre le faible.

Comment a-t-on pu penser qu'une fois les furies partisanes apaisées, notre pays allait s'orienter vers la coopération en vue du bien public : la vérité, c'est que les égoïsmes catégoriels se déchaînent comme jamais dans une modération en effet quasi générale et une indifférence de chacun au sort de

1. Il aura fallu en France, à l'automne 1989, qu'une grève éclate aux usines Peugeot pour que nous apprenions, stupéfaits, qu'il existait encore quelque chose comme une classe ouvrière, à la fois méprisée et sous-payée. La publication, par *Le Canard enchaîné*, de la feuille de paie du PDG de l'usine révéla qu'il gagnait trente fois plus que ses ouvriers et qu'en deux ans il avait augmenté son salaire de 45,9 % contre 6,7 % pour les salariés de l'entreprise. Fait exceptionnel ? Mais la publication du rapport du CERC (Centre d'études des revenus et des coûts) à la fin de l'année 1989 révélait que les inégalités entre Français s'étaient aggravées depuis 1985 ; à l'accroissement des revenus tirés de la propriété mobilière et immobilière a répondu la faible progression des salaires ; enfin, l'écart des rémunérations entre hommes et femmes s'est accentué depuis 1984, tandis que la situation des jeunes s'est détériorée. Selon les termes mêmes du Premier ministre, Michel Rocard, 10 % des ménages possèdent la moitié du capital (discours devant le Conseil économique et social, 19 décembre 1989). Pour comparaison, si l'écart des salaires en France entre patrons et ouvriers va de 1 à 35, en Amérique, l'écart entre certains PDG et les cadres moyens de leur entreprise va de 1 à 45.

tous. La vérité, c'est que notre société, lassée des mythologies paupéristes, s'est abonnée au conte de fées et ne veut plus entendre parler du négatif. Elle croyait pouvoir conjuguer sans mal l'éthique et les affaires : leur idylle nous ramène tout droit à la guerre de tous contre tous mais tempérée par les bonnes manières du consensus. Ironie des choses : l'abandon d'une parole politique extrémiste qui avait divorcé d'avec le monde devait nous restituer toute une richesse sociale étouffée ; or c'est du monde dont nous avons divorcé, nous repliant sur nous-mêmes. Comme si l'obstacle formait ici la condition de possibilité, comme si les idéologies n'étaient pas seulement un voile qui nous masque le réel mais aussi un détour fantasmatique pour nous y intéresser .Privé de ces fictions rassurantes et incapable de recomposer l'univers en un tout cohérent, l'homme contemporain préfère se réfugier dans la vie privée. Qu'est-ce alors que la société ? La manière dont les citoyens sont séparés à l'intérieur d'un même cadre et se dérobent de la même façon à la participation au bien commun. (Seuls les écologistes maintiennent encore un souci de la planète, mais un souci négatif, une solidarité de naufragés terrifiés par la dégradation de leur environnement [1].)

1. Même s'ils tentent d'instaurer un nouveau dialogue entre citoyens en dehors des bureaucraties partisanes, les Verts restent parfois un véritable congélateur politique qui charrie les pires archaïsmes d'extrême droite et d'extrême gauche, à quoi s'ajoute un intégrisme naturaliste qui frise le risible : ainsi les Verts britanniques proposent-ils de diminuer la population de Grande-Bretagne de 20 millions de personnes, de rendre le pays autosuffisant, d'arrêter les centrales nucléaires, de sortir de l'OTAN et surtout de réduire drastiquement la consommation d'énergie et de matières premières. C'est par eux que passe aujourd'hui le vieux rêve de remise en cause totale de la société sur fond de frugalité et de catastrophisme.

## Oublier la politique ?

D'un bout à l'autre de l'Europe occidentale, un seul cri fait l'unanimité : délivrez-nous de la politique. Alors que l'Est la redécouvre avec une fraîcheur qui souligne encore plus notre léthargie, l'Ouest la rejette car elle lui semble inutile. Hier encore, dans le discours de certaines intelligentsias, elle était tout (manière sournoise de la disqualifier) ; aujourd'hui, elle n'est plus rien. Sans cesse hantée par le vertige de son propre dépassement, la politique n'est pourtant pas cette mauvaise graisse réservée aux temps de préhistoire ou le symptôme de l'immaturité des hommes. Ni l'utopie d'une société civile autonome ne tenant sa raison d'être que d'elle-même, sans délégations ni partis, ni le rêve inverse d'un État universel des sages et des justes qui épargnerait à ses sujets les affres de l'engagement ne mettront un terme aux discordances entre les groupes, les castes et les classes. Lorsque J.-F. Revel écrit que, « paradoxalement, il incombe à la politique de débarrasser l'homme de la politique ou, pour mieux dire, de lui apprendre à se déterminer lui-même au lieu d'être déterminé par la collectivité » (*Le Point*, 25 septembre 1989) ou que Zbigniew Brzezinski, ancien conseiller du président Carter, confie : « Je crois que nous entrons dans un âge où les préoccupations principales de l'humanité ne seront plus d'ordre politique [...] les interrogations à l'avenir seront de plus en plus d'ordre philosophique « (interview à Éric Laurent, *Figaro Magazine*, 22 décembre 1989), ils reprennnent l'un et l'autre, à leur insu peut-être, le vieil idéal marxiste et anarchiste du dépérissement de la politique dans un monde réconcilié.

Reconnaissance de la division des hommes et de la fragilité de ce qui les unit, la démocratie ne va jamais de soi. Elle a besoin et d'institutions fortes et d'opinions publiques actives et ne saurait manquer de l'une ou de l'autre sans en être gravement affectée. A cet égard, la politique n'est pas plus un carcan qui enserre les activités humaines (comme dans les régimes totalitaires) qu'un simple ajustement des fins et des moyens en vue de satisfaire les besoins. Au contraire de l'économie et de la culture, foncièrement inégalitaires, elle constitue l'unique domaine, à distance de la société, où les citoyens se parlent entre égaux, débattent ensemble du sens de leur existence collective et partagent en commun la capacité d'agir. Elle relie les individus en les opposant. Elle demeure donc bien cette indispensable « auto-éducation à la raison » en quoi Karl Jaspers voyait sa vocation la plus haute.

Il faut renverser ici la célèbre formule de Rousseau : seule une communauté d'anges ou de dieux accordant spontanément leurs volontés et leurs désirs pourrait se passer de politique. Cette ingénuité n'est pas permise dans la cité en proie aux intérêts divergents, aux tensions inévitables ; nous n'en finirons jamais avec le sectarisme des convictions, la violence des égoïsmes, la sottise des discours militants. Les améliorations constatées ces dernières années ne sont pas des symptômes d'agonie ; une forme messianique de la politique est morte ; mais il n'y a pas d'au-delà de la politique, sinon dans la bienveillance mortelle du tyran.

Le malaise actuel vient donc de ce que les conflits ne parviennent plus à s'articuler en séparations tranchées et peut-être même de ce qu'il n'y a plus assez de conflits pour faire de l'unité (avec ce risque que les mécontentements, ne trouvant plus d'échos à l'intérieur des partis traditionnels, n'émigrent vers les extrémismes). Préconiser la relance de la délibération paraît en ce sens aussi juste qu'impraticable. Comment dramatiser les objets de débat, recréer de la passion sur des oppositions obsolètes ? On ne réveille pas les énergies par décret. Ainsi d'innombrables velléités d'engagement, au demeurant sincères, capotent-elles sur des causes anémiques ou arbitrairement gonflées. Lorsque les communistes deviennent des sociaux-démocrates et ceux-ci des libéraux, ce sont les libéraux à leur tour qui sont désemparés puisqu'ils n'ont personne contre qui se définir. C'est bien ce fantastique rabattement des camps et des ordres les uns sur les autres qui explique la panique présente. Élections désertées, syndicats en chute libre, citoyens aux abonnés absents, partis en pleine décomposition, le système parlementaire est en train de mourir de sa bonne santé. Nous vivons donc la coïncidence historique de deux phénomènes parallèles : l'ennemi interne et l'ennemi externe s'effondrent à peu près en même temps et cette double disparition répand sur l'Occident une atmosphère de fin de règne. Gauche et droite ne sont plus que maisons en ruine, bibelots poussiéreux auxquels nous devons encore, à titre provisoire, demander quelques services. En attendant d'autres clivages, pour l'instant invisibles et qui peut-être n'arriveront jamais, nous laissant dans la confusion d'une interminable agonie.

DEUXIÈME PARTIE

# *L'imprécateur et le bienheureux*

S'il n'est plus d'alternative globale à notre société, il nous reste au moins le choix de l'aimer ou de la détester et même d'osciller entre l'amour et la haine dans un mouvement pendulaire incessant. Deux discours antagonistes se partagent aujourd'hui notre intelligence du réel, le discours de l'éloge et celui du dénigrement, la célébration de ce réel tel qu'il est, son refus au nom de ce qu'il devrait être. A travers l'étude de ces deux paroles, nous avons tenté d'esquisser une autre voie peut-être impraticable mais plus juste : une certaine façon d'être au monde dans le doute sans que le doute n'écrase l'attachement pour le monde ni que cet attachement n'étouffe le doute.

CHAPITRE III

# Les amis de la providence

La vie est devenue mcilleure, la vie est devenue plus joyeuse.

Staline dans les années 30

Lorsque, en 1784, Emmanuel Kant fait l'hypothèse que l'humanité, sous un apparent « tissu de folie, de vanité infantile, souvent même de méchanceté », collabore en fait à sa propre éducation, il recourt à la notion d'un secret « dessein de la nature » qui convertit les égoïsmes et les égarements collectifs en instruments de dignité [1]. Ce « plan caché », ce « fil conducteur » préfigurent – sans leur ressembler – non seulement la ruse de la raison hégélienne et le travail de la vieille taupe marxiste, mais aussi cette foi que Tocqueville placera en 1848 dans la Providence pour annoncer « l'avènement prochain, irrésistible, universel de la démocratie dans le monde [2] ». Vouloir freiner cet avènement serait absurde puisque le développement graduel de l'égalité est « un fait providentiel » auquel tous les hommes depuis le XIe siècle ont travaillé, « aveugles instruments dans les mains de Dieu ».

1. E. Kant, *Idée d'une histoire universelle au point de vue cosmopolitique,* Gallimard, « La Pléiade », tome II, p. 187 à 205, traduction de Luc Ferry.
2. Alexis de Tocqueville, *De la démocratie en Amérique,* tome I, p. 32, avertissement à la douzième édition, Gallimard, coll. « Folio Histoire », 1986.

Cette représentation d'un genre humain allant vers son épanouissement par des voies obscures ne semble relever de nos jours que d'un artifice rhétorique ou d'un résidu de mentalité religieuse. S'il est une chose dont nous sommes dépris, c'est bien de l'idée d'un sens de l'Histoire déterminant malgré eux les peuples et les individus. Depuis la proclamation officielle de « la fin des idéologies » (Daniel Bell), nous vivons sur la certitude d'avoir subordonné ces chimères à une vision pragmatique des choses. N'est-ce pas cela retrouver la démocratie : rompre avec la consolation des anciens idéalismes et revenir à la raison ; accéder à la maturité au sens où la jeunesse est l'âge des absolus et la vie adulte celui des nuances ; déserter les territoires de la prophétie pour l'appréhension froide des événements ?

**La nouvelle histoire sainte**

On aurait pu croire en effet qu'après les erreurs d'hier nous allions opter enfin pour la prudence théorique. Force est de constater que, pour tout un courant de pensée, la démocratie se substitue au marxisme (ou au progressisme), non comme la clarté aux ténèbres mais comme un système à un autre. C'est sous les auspices d'un véritable Évangile que nous est communiquée aujourd'hui la Bonne Parole. Le premier postulat de cet optimisme consiste à nous dire que les hommes collaborent au salut collectif à travers leurs égoïsmes particuliers. C'est du moins ce que nous explique le philosophe de l'air du temps, Gilles Lipovetsky, tout animé, au contraire des intellectuels d'hier et d'avant-hier, par une passion dévorante pour le système représentatif. Après la mauvaise conscience hypercritique des années 68, c'est la volonté louable d'être positif et de comprendre notre société au lieu de la calomnier qui l'anime.

Guidé par cette ambition, il esquisse, dans *L'Ère du vide* et

*L'Empire de l'éphémère* (Gallimard, 1983 et 1987), la vaste fresque de notre univers individualiste, voué au culte de la frivolité et des jouissances immédiates. Dans un style qui hésite toujours entre le constat et l'éloge – Lipovetsky est resté très profondément un militant, fût-ce le militant du vide – l'auteur nous démontre, page après page, les vertus de ces phénomènes apparemment négatifs. Son habileté, sa nouveauté incontestable, c'est de célébrer les bienfaits de la platitude où d'autres la condamnent. A l'inverse des marxistes pour qui chaque expérience sociale manifeste l'essence perverse du capitalisme, pour lui tout, de la publicité à la mode, est signe d'avancée et de bonheur : l'adoucissement des mœurs, « la décrispation des enjeux politiques et idéologiques », « la rupture avec l'organisation moderne disciplinaire coercitive », « le narcissisme post-moderne »[1] prouvent la pénétration irrésistible du processus démocratique dans le monde occidental : « Oui, il y a progrès dans la liberté de pensée [...], oui la marche des Lumières se poursuit, extinction des fanatismes idéologiques, décomposition des traditions, passion de l'information, les individus sont de plus en plus capables d'exercer un libre examen, de moins subir les discours collectifs, de se servir de leur entendement[2]. » Lipovetsky prend la prophétie tocquevillienne et la déclare tout simplement réalisée[3]. Nous serions donc en train d'accomplir ce que les Grecs avaient ébauché il y a trois mille ans ; une véritable « lame de fond qui modifie le rapport des individus au vrai et au sens[4] » nous emporte, des siècles de servitude se résorbent à notre époque de l'informatique et du Minitel rose. Ce que d'autres dénoncent comme un désastre,

1. *L'Ère du vide, op. cit.*, p. 28 et 16.
2. *L'Empire de l'éphémère, op. cit.*, p. 310.
3. « Des pouvoirs de plus en plus pénétrants, bienveillants, invisibles, des individus de plus en plus attentifs à eux-mêmes, faibles, autrement dit labiles et sans conviction, la prophétie tocquevillienne trouve son accomplissement dans le narcissisme post-moderne » (*L'Ère du vide, op. cit.*, p. 16).
4. *L'Empire de l'éphémère, op. cit.*, p. 310.

### *Les trompettes de Jéricho*

La décennie passée aura réussi un exploit qui mérite de rester dans l'Histoire : faire de la lutte une partie de plaisir. A travers les concerts contre le racisme, contre la faim, pour les droits de l'homme, elle a transformé la musique et le rock'n'roll en une arme capable de distraire autant que d'apprendre et de combattre. Tout désormais semble commencer et se résoudre en chantant : il n'est pas de bataille qui ne soit aussi une fête, les seules vertus du son pulvérisent l'horreur et pour aider nos semblables, il n'est d'autre impératif que de danser ensemble dans une opération qui tient à la fois de la surboum collective et de la magie noire.

Ne boudons pas notre bonheur : ces réunions sont d'une incontestable beauté. La foule qui communie dans un même rythme oublie ses différences et ses conflits. Nul n'y est plus maghrébin, juif ou antillais, chacun est membre d'une vaste confrérie, d'une *ecclesia* qui fait le tour de la terre. Et la promiscuité, ailleurs source de friction, est ici source d'allégresse.

Mais ce coude à coude est précisément trop beau, trop joyeux. Lorsqu'il tend, comme c'est le cas le plus souvent, à supplanter toute autre forme de solidarité, il accrédite l'idée selon laquelle l'antiracisme est à la fois facile et « sympa ». Il suffit de porter un badge et de se trémousser : le miracle s'accomplit, le mal recule

la désaffection vis-à-vis de la *res publica,* la « perte du sens de la continuité historique », « la désertion généralisée des valeurs », la pensée jetable comme un Kleenex, Lipovetsky le chante comme un avantage, car, derrière cette inconstance générale, la solidité des grands principes se renforce.

L'entrée dans l'âge individualiste est bien l'équivalent d'une Grande Promesse : « Dieu est mort, les grandes finalités s'éteignent mais tout le monde s'en fout, voilà la joyeuse nouvelle [1]. » Passons sur la provocation, sans doute à la

1. *L'Ère du vide, op. cit.*, p. 42.

insensiblement (peut-être chassé par le bruit ?) Dira-t-on que les paroles des chansons contiennent un message ? Mais le vacarme des baffles les étouffe et, en Europe, les trois quarts des participants aux concerts n'entendent rien à l'anglais qui est le latin de ces grand-messes. Si le rock fut subversif à ses débuts, il n'est aujourd'hui ni réactionnaire ni révolutionnaire : il est bon ou mauvais. Quelle sottise que de lui attribuer des vertus civilisatrices ou des crimes abominables : il ne sert aucune cause dans la mesure où il peut les servir toutes.

On ne gagne rien à le politiser superficiellement pour dépolitiser en profondeur des générations entières. Que l'on finance une campagne, que l'on célèbre une victoire par un gala ou un divertissement, rien de plus juste ; mais faire de la musique le véhicule d'une ambition morale, confondre l'action avec la célébration de l'action est une imposture. Le grand mérite de ces mobilisations aura été de maintenir un minimum de conscience du monde ; leurs limites, de ne jamais hausser cette conscience au-delà des bonnes intentions. Les noces de la pop, de la compassion et de l'hédonisme tissent une parodie d'engagement. Seule notre époque de légèreté pouvait croire possible d'abattre les monstres en claquant des mains, en battant des pieds, en soufflant dans un saxo. Laissons les trompettes de Jéricho à la Bible et méfions-nous des élans du cœur : ce sont les plus éphémères. Le combat politique est ingrat, douloureux, souvent déchirant ; il n'est jamais décontracté.

mesure des censures qui ont été levées, mais le fait demeure : Lipovetsky reste exactement dans le cadre de la perspective marxiste, qu'il se contente de retourner comme un gant, approuvant ce qu'elle réprouve, se réjouissant où elle déplore. Voici donc une nouvelle idéologie avec ses dispositifs propres, sa vision globalisante où tout fait sens, y compris les événements qui semblent la contredire. A la place d'un parti et d'un prolétariat voués à la destruction de l'ordre existant, elle met tout simplement l'individu, chargé, par décontraction et pacification, de mener à son terme la démocratie. Nouveau et paradoxal progressisme : l'Histoire, bonne fille, a enfin accouché du bon enfant, écartant du même coup tous les bâtards qui avaient pu sortir autrefois de ses flancs.

Car l'individu façon Lipovetsky n'est pas cette personne privée qui, chez Kierkegaard, revendiquait sa singularité contre le système hégélien. Il est lui-même une pièce de ce système, une figure de l'Esprit en marche, l'automate à travers quoi se concrétise le destin démocratique, comme chez Hegel le héros est fonctionnaire de la raison. Il est donc bien délié de l'empire de la tradition, des croyances, des coutumes, mais pour être assujetti à un principe plus subtil et non moins coercitif, la fatalité démocratique. Nous ne sommes plus que des représentants de l'espèce « individu », laquelle, conformément à sa logique, ne cesse de s'émanciper. (Dira-t-on ce qu'il y a de profondément infernal dans ces théories contemporaines de l'individu voué à une libération inexorable, toujours incomplète, toujours à recommencer ? Le voici enchaîné en quelque sorte à une tâche infinie, condamné à s'affranchir sans relâche tel un nouveau Sisyphe. Cette promotion est en fait une malédiction : mais qui donc nous émancipera des émancipateurs ?)

## Vous êtes formidables !

Caractéristique de l'optimisme de Lipovetsky et de son terrible sérieux [1], les conquêtes de la démocratie sont chez lui, comme celles de la révolution hier pour le socialisme,

1. A sa manière, Lipovetsky tombe dans le paradoxe du menteur défini par le Crétois Épiménide : celui qui déclare toutes les pensées soumises à la mode et à l'éphémère se condamne à voir ses propres réflexions subir le même sort. De même, celui qui célèbre l'indifférence, la versatilité, le fait avec passion et dément donc l'idée qu'il veut propager : au moins cette idée-là lui tient-elle à cœur. L'indifférence est un dogme comme les autres.

définitives ; une coupure divise de façon irrémédiable un avant d'un après. Ainsi, dans notre société cool et humoristique, les enfants ne martyriseront plus les chats et les chiens, c'est promis, plus jamais[1] ; nous n'éclaterons plus de rire, non, nous sourirons[2], nous nous abstiendrons d'insulter les gens et de cracher à leur visage[3] ! Glissons sur le ridicule ou l'inconscience qu'il y a à trancher de tels sujets. L'essentiel est que le mécanisme à l'œuvre puisse se traduire en termes de perfectionnement, qu'on reste dans « la progression de l'Imparfait vers le plus Parfait », pour reprendre l'expression de Hegel.

Certes, dans *L'Empire de l'éphémère,* Lipovetsky tempère son enthousiasme et admet à regret que « les luttes d'intérêt, les égoïsmes demeurent mais non rédhibitoires », car la mode veille ! La mode, « ce véhicule inédit des Lumières » qui n'est pas ce qu'un vain peuple pense mais une logique sociale de la ressemblance, qui par le choix et le changement permanent nous éduque à la liberté et reste bien « le dernier chaînon de l'aventure pluriséculaire capitalisto-démocratico-individualiste » *(sic).* Objecterez-vous qu'il reste de la misère, des imperfections sous nos climats ? C'est que vous êtes tout bonnement incapables de comprendre ce paradoxe : « Plus la séduction se déploie, plus les consciences se convertissent au réel ; plus l'éphémère gagne, plus les démocraties sont stables, peu déchirées en profondeur, réconciliées avec leurs principes

1. « [...] Les enfants eux-mêmes ne trouvent plus drôle du tout, comme cela a été le cas dans toutes les civilisations antérieures, de martyriser les bêtes » (*L'Ère du vide, op. cit.*, p. 162).

2. « Le constat s'impose : après le rire de fête, ce sont les explosions intempestives de rire qui sont en voie de disparition, nous sommes entrés dans une phase de paupérisme du rire, allant de pair avec l'avènement du néonarcissisme. » *(ibid.,* p. 164) (on notera ici le recours au vocabulaire marxiste).

3. « Les insultes telles que cracher au visage de quelqu'un ou à son passage ont disparu, incompatibles qu'elles sont avec nos sociétés hygiéniques et indifférentes » (*ibid.*, p. 226).
Un enfant qui continue à torturer son chat, des personnes qui éclatent de rire ou persistent à s'insulter sont-elles, dans le système de Lipovetsky, considérées comme réactionnaires et susceptibles d'être rééduquées à la modernité ?

pluralistes. Même non chiffrables, il s'agit là d'atouts immenses dans l'édification de l'avenir[1]. » (Ah, ces « atouts immenses », on croirait lire *L'Humanité* ! Tout le lyrisme de Lipovetsky se situe dans la tonalité du « bilan globalement positif ».)

Oublions le fait que l'auteur confond en permanence paradoxe et contradiction ; à moins de dire et d'écrire n'importe quoi, on ne voit pas comment le souci exclusif de soi pourrait nous sensibiliser au « drame humain, concret, immédiat de la famine », comment la mode « creuse le lit des droits de l'homme et fait ouvrir les yeux sur le malheur de l'humanité », comment « la participation passagère à la carte », à la fois « branché(e), drôle et festi(ve)[2] », à des concerts antiracistes nous transforme en philanthropes, bref comment l'on peut être à la fois détaché et concerné, égoïste et altruiste. (Toute la méthode de Lipovetsky pourrait se résumer dans la célèbre formule de Freud : je sais bien mais quand même. Je sais bien que chacun ne pense qu'à soi mais tout de même nous vivons une époque épatante[3].)

Pour se débarrasser de ces objections, Lipovestky doit recourir à une très hégélienne « ruse de la déraison de la mode », véritable *deus ex machina* qui transforme le négatif en positif. Bien qu'il ne se veuille qu'un témoin de son temps (« on s'en tient ici à la stricte dynamique des démocraties contemporaines, on n'en dégage aucune conception globale de l'histoire universelle »), ce témoin n'est pas neutre, il a pour objet de prouver la conformité de l'idéal avec les faits.

1. *L'Empire de l'éphémère, op. cit.*, p. 17.
2. *Ibid.*, p. 332-333.
3. Lipovetsky use et abuse de la figure de rhétorique « plus, plus » : procédant par couples d'opposés, elle affirme de deux choses contraires qu'elles sont en vérité la conséquence rigoureuse l'une de l'autre. Cette dialectique du pauvre constitue une sorte de concept mange-tout où la misère et le bien-être, les luttes sociales et l'arrivisme individuel, les inégalités et l'enrichissement se trouvent par miracle réconciliés. Dans le même esprit, on pourrait soutenir avec un aplomb identique : plus ça va mal, plus ça va bien ; plus j'ai froid, plus j'ai chaud, etc.

Et il n'en démord pas : la démocratie est bien un mouvement de mode (« La mode est le pire des scénarios, à l'exception de tous les autres[1] »). Même si les apparences sont contre lui, il les pliera au service de sa démonstration, feignant de découvrir dans les choses ce qu'il y a mis : chez lui, l'événement n'est pas ce qui arrive mais ce qui confirme un sens préétabli. Et si la réalité s'avisait de ne pas répondre aux canons de l'individualisme démocratique, gageons qu'elle serait proprement rectifiée !

De même que le Parlement, dans les régimes autoritaires, se contente d'avaliser les décisions de l'exécutif, Lipovetsky n'est qu'un greffier qui enregistre ce que le monde lui dicte. De là son lyrisme pour décrire l'ascension du pluralisme dans nos sociétés. Et ce qui aurait pu et dû constituer une fine analyse des maladies du narcissisme contemporain se transforme chez lui en une déclaration d'amour à son temps ; et l'on pourrait lire plus d'une page de ses essais comme un réquisitoire accablant contre l'époque s'il ne sauvait la mise, *in extremis,* par une pirouette.

Lorsque, à la fin de *L'Empire de l'éphémère,* Lipovetsky reconnaît qu'il y a « un tragique de la légèreté », c'est une brève concession aux esprits chagrins après trois cents pages de panégyrique. Car ce tragique-là est léger. Même si le présent laisse parfois à désirer, l'avenir sera fameux, foi de démocrate : « L'Histoire est plus que jamais ouverte. » Qui oserait en douter puisque c'est la mode qui a « le plus contribué à arracher les hommes dans leur ensemble à l'obscurantisme et au fanatisme[2] ». Allons, qu'étaient Moïse, Jésus et Mahomet ? Je vous le donne en mille : des mannequins ! Et si seulement les peuples du Sud adoptaient les canons de nos grands couturiers, les dictatures feraient long feu ! (Une hypothèse : le projet de Lipovetsky est peut-être

1. *L'Empire de l'éphémère, op. cit.*, p. 22.
2. *Ibid.*

### *Splendeurs ou misères de l'individu ?*

Nous vivons peut-être le triomphe et la déchéance de l'individualisme. Il ne fut grand que porté par des personnalités exceptionnelles qui osèrent s'émanciper des traditions et des croyances pour avancer seules dans l'inconnu. Vinci, Érasme, Galilée, Descartes, Newton balisaient des sentiers dans la nuit, écartaient le secours des dogmes, opposaient aux préjugés de leur temps l'audace fondatrice d'une rupture. Mais le courage de ces grands réformateurs est devenu le bon sens du XX^e siècle. Nous sommes tous, dans le domaine des mœurs et des pensées, des pharmaciens Homais ânonnant comme un catéchisme les terribles hardiesses de nos prédécesseurs.

Faust, Prométhée, Don Juan, les trois mythes occidentaux se partagent désormais en bonne intelligence l'âme de chacun. L'individu en révolte contre la société depuis le XVIII^e siècle s'est affranchi d'elle au point de la menacer de désintégration et d'engendrer par contrecoup l'essor d'un État qui reste seul garant de l'unité. Nous voici tous côte à côte, indépendants et démunis, addition de solitudes s'efforçant péniblement d'être ensemble. Le dénouement de cette aventure qui fut sublime, c'est que les hommes se ressemblent désormais dans leur manière de vouloir se distinguer. Chacun, se croyant unique, est immédiatement dépossédé de sa certitude par l'égale prétention des autres. Dès lors, pour retrouver une différence, il doit quêter la reconnaissance de ses semblables, lesquels lui adressent la même demande. Terrible réciprocité : l'orgueilleuse évidence de la singularité débouche sur celle de l'annulation. Prouver qu'on est quelqu'un, qu'on existe : tels sont nos rêves dans une société où les individus ne sont rien parce que l'individu est tout. La volonté d'être « à nul autre pareil » entraîne, par un mimétisme pervers, la massification des comportements. Le stade ultime de l'individualisme, est-ce donc le troupeau, notre image démultipliée en autrui et qui dit « moi, je » à des millions d'exemplaires ?

né d'un calembour. Le marxisme accusait les libertés bourgeoises d'être formelles. Lipovetsky reprend l'accusation au pied de la lettre : c'est bien au niveau des formes, du vêtement, de la parure que s'effectue le vrai travail de la libération humaine.) Jamais donc comme aujourd'hui la démocratie n'a été « aussi assurée du bien-fondé de ses institutions pluralistes, jamais elle n'a été aussi en consonance avec les mœurs, avec le profil d'un individu dressé au choix permanent, allergique à l'autoritarisme et à la violence, tolérant et avide de changement fréquent mais sans risque majeur[1] ».

## Les Monsieur Jourdain de la démocratie

Si Lipovetsky demeure le représentant le plus symptomatique (et parfois le plus caricatural) du *pandémocratisme,* il n'est pas le seul en cause. C'est un Paul Yonnet dans *Jeux, modes et masses*[2] qui, par allergie à la sociologie de classe – entendez celle de Bourdieu –, démontre lui aussi la correspondance quasi miraculeuse des divertissements modernes avec le libéralisme en expansion. Ainsi du tiercé, par exemple, qui simule, par le biais du pari, les procédures électorales et témoigne d'une pacification en profondeur des relations sociales et politiques ; ainsi du rock'n'roll qui, né aux USA d'une collusion spontanée des cultures noire et blanche, combat le racisme en acte mieux que tout et affirme l'unité du genre humain. Ainsi de la mode, bien sûr, mais surtout de l'automobile qui rend autonome et constitue le véritable indice de démocratisation d'un pays. « L'Amérique réalise la

1. *L'ère du vide, op. cit.*, p. 145.
2. Gallimard, 1985.

démocratie (processus évidemment) au travers de l'automobile[1] », si bien que vouloir réglementer la circulation des voitures, imposer des restrictions aux conducteurs, c'est ni plus ni moins attaquer le régime libéral.

Car il existe « une homologie structurelle frappante » entre la production de masse « qui conjugue la fabrication en très grande série, soit la similitude avec la diversité de la gamme soit l'écart », et « le concept démocratique lui-même qui, pour prolonger Tocqueville, postule la " similitude des hommes ", cette " notion de semblable " autrefois limitée à la sphère du clan, de la caste, de l'ordre, de la classe [...] avant que de transgresser les frontières du groupe pour instaurer une économie générale de la ressemblance entre égaux[2] ». En d'autres termes, « malgré tous ses défauts, la société de consommation, société du suffrage non politique, constitue bien un approfondissement, une extension du processus de démocratisation[3] ». Ou encore c'est un Alain Ehrenberg qui, dans un article par ailleurs brillant et novateur sur le spectacle sportif, conclut : « Si le sport rend parfois les masses folles, s'il les met en extase ou en furie, il ne les aliène pas plus qu'il ne les fait régresser. Il est au contraire un vecteur de modernisation idéologique. Il est un moyen non politique de populariser l'égalité, car il fait fonctionner les valeurs de la démocratie en les enracinant dans la quotidienneté la plus banale, celle de la distraction. En sport, on fait l'expérience de la démocratie sans que l'on s'en rende compte, c'est-à-dire sans passer par la politique[4]. »

A ce compte-là, qu'est-ce qui n'est pas démocratique dans nos sociétés, je vous le demande ? Du lever au coucher, les hommes et les femmes du monde occidental ne cessent de manifester leur goût, leur appétit de la tolérance, de la

1. *Ibid.*, p. 281.
2. *Ibid.*, p. 280.
3. *Ibid.*, p. 377.
4. « Des stades sans dieux », *Le Débat*, n° 40.

solidarité. Citoyens modèles accouchant de l'Histoire en croyant suivre leur pente, ils font chaque jour de la démocratie sans le savoir comme Monsieur Jourdain de la prose. Pareil à ce morceau de sparadrap qui adhère aux doigts du capitaine Haddock dans l'album de Tintin, *L'Affaire Tournesol,* la démocratie leur colle littéralement à la peau, mêlée à leurs activités les plus intimes. Reste-t-il une seule imperfection en eux qui ne concoure au bien-être général ? A l'allure où l'on va, bientôt le chômage, l'écart des salaires, la méchanceté, le racisme même manifesteront l'essence radieuse du pluralisme[1]. La jubilation n'a plus de limites et, devant cette somme de prodiges, il ne reste qu'à s'agenouiller et à remercier la Providence de ses bienfaits. Emmanuel Kant constatait qu'une histoire planifiée (comme, par exemple, celle des castors et des abeilles) semble impossible en ce qui concerne les hommes. Nos sectateurs de l'égalité lui apportent un démenti flagrant : tout leur développement ressemble furieusement à quelque fantaisie néo-hégélienne où les aberrations collectives et les vices privés paraissent un jeu que l'Absolu se joue avec lui-même comme si les êtres « étaient les outils et les moyens de quelque chose de plus élevé qu'ils ignorent et qu'ils réalisent de façon inconsciente[2] ». Nous sommes donc condamnés à la liberté, c'est un déterminisme impitoyable qui nous y pousse !

1. Remarquant que le racisme perd en violence et en intensité, Lipovetsky écrit : « Il en va du racisme comme des autres idéologies, il s'est vidé de son sens lourd, il est devenu moins sûr de lui, moins dominateur, " post-idéologique ", davantage l'expression de l'angoisse individuelle que d'une vision manichéenne du monde. Est-il besoin de préciser qu'il n'a pas pour autant basculé, tant s'en faut, dans l'ordre léger de la mode ? » (*L'Empire de l'éphémère, op. cit.*, p. 307). Cette dernière phrase laisse rêveur ; quand le racisme aura basculé dans « l'ordre léger de la mode », verra-t-on des ratonnades en Thierry Mugler, devra-t-on s'habiller en Yves Saint Laurent ou en Pierre Cardin pour jeter les immigrés par la fenêtre des trains ?

2. Hegel, *La Raison dans l'Histoire,* traduction de Kostas Papaioannou, coll. « 10/18 », p. 19.

## Le triomphe du quiétisme

A dire vrai, nos thuriféraires se débattent dans une aporie. Ils veulent allier le progrès avec l'inertie. Ils bâtissent à cette fin un étrange compromis : le progrès invisible, lequel, tel le dieu de Platon qui manipule les hommes derrière le décor, travaille pour nous sans que nous devions travailler pour lui. *Admirable quadrature du cercle : cela agit en nous sans que nous ayons besoin d'agir.* Les vertus de l'engagement se trouvent réconciliées avec les commodités de la torpeur. Pour faire du bien à l'humanité, il suffit de se laisser vivre. On nous épargne ainsi gentiment les affres de la lutte en nous certifiant que cette lutte se fait malgré nous et là où personne ne l'attend. Inutile de mettre tout notre talent à établir une société meilleure. Cette méthode Assimil de la démocratie sans effort nous garantit une poésie de l'action inactive qui nous prémunit à tout jamais contre la désillusion.

Chacun chez soi et chacun pour soi : tels sont les mots d'ordre. Par un instinct infaillible, l'Histoire procéderait d'elle-même à la sélection du bon et du mauvais, les caprices et les passions particulières accompliraient un projet souterrain de perfectionnement. On exalte le grand parti de la passivité parce qu'il dissimule une activité secrète : c'est en se repliant sur soi qu'on milite, c'est dans l'intimité du foyer, la chaleur du « cocooning » que mûrit l'avenir ; calfeutré dans mon home douillet, je change le monde ni plus ni moins.

Apothéose de l'esprit bourgeois : l'espace public où chacun peut parler à égalité disparaît, c'est le privé (inégal par essence) qui devient la mesure de toute chose : chacun n'adhère qu'à un parti qui est soi-même[1]. (Et comme elle résume bien la philosophie du temps, cette publicité d'Air France : « Dans ce monde cynique, il y a au moins une cause qui mérite qu'on se batte farouchement pour elle : vos vacances ! »)

On oublie de ce fait qu'un homme isolé n'agit pas, l'action comme la parole supposant toujours la présence d'autrui, on oublie surtout, comme l'a souligné Hannah Arendt, que c'est bien chez l'individu allergique à l'embrigadement, le bon père de famille que le régime nazi a recruté ses troupes les plus véhémentes[2]. Mais nos zélotes ne l'entendent pas ainsi : pour eux, il n'y a pas à vouloir la démocratie puisque nous la portons en nous tel un virus, même à travers nos faiblesses les plus exquises. Elle est devenue pour le citoyen occidental « une seconde nature, un environnement, une ambiance » quasi instinctive[3] (Gilles Lipovetsky). Je suis démocrate comme je respire.

Ainsi l'ordre établi devient-il pour ces fanatiques du *statu quo* une fête perpétuelle, une série de fascinantes métamorphoses : ils défaillent devant les colifichets de nos sociétés

1. En 1802 déjà, Hegel définissait le bourgeois comme cet homme retranché dans la sphère privée et la propriété et compensant son désintérêt pour la politique par le négoce et le labeur (*Les Méthodes de la science et du droit naturel,* Ed. Lasson, p. 383).

2. *Penser l'événement,* Belin, 1989, p. 30.

3. Remarquons que ce thème de la démocratie instinctive a été défendu dans l'après-guerre aux USA par des politologues et des historiens tels que Berelson ou Daniel Boorstin qui ont fait l'éloge de la démocratie spontanée et quasi inconsciente du peuple américain, dispensé de par son histoire des théories politiques et philosophiques qui ont ravagé l'Europe (cité dans Ed. Purcell Jr., *The Crisis of Democratic Theory,* Kentucky University Press, 1972, p. 251). Les valeurs démocratiques de l'Amérique seraient antérieures à la raison et s'élèveraient de l'expérience, si bien que la réalité américaine est posée comme le standard absolu pour évaluer toutes les normes. Boorstin écrira même : « Ce que l'Amérique a ajouté de plus important à l'expérience du monde, ce fut le simple fait surprenant de l'Amérique elle-même » (dans *L'Esprit d'exploration,* Gallimard, 1979, p. 161). Dans le même ordre d'idées, B. Berelson et Samuel P. Huntington ont loué le désintérêt d'une majorité d'Américains pour la politique, cette insouciance permettant aux différentes élites au pouvoir de n'être pas importunées par les demandes intempestives venues d'en bas !

d'abondance, s'émerveillent de leur plasticité, de leur démesure. Car ils ne se contentent pas d'étudier la dynamique de l'égalité à l'époque moderne, non, ils ont décidé de dire oui au monde actuel, coûte que coûte, de substituer à l'ancienne rhétorique de l'aliénation une rhétorique de l'approbation[1].

**Les mythologies de la vie en rose**

Sans doute la confusion est-elle déjà présente dans le texte de Tocqueville qui mêle constamment le descriptif et le normatif, si bien qu'en le lisant on départage mal ce qui est, ce qui doit être, ce qui sera de toutes les façons puisque « vouloir arrêter la démocratie paraîtrait donc lutter contre Dieu ». Même si Tocqueville se défend par ailleurs d'offrir les États-Unis en modèle, le simple compte rendu de la vie et des mœurs des Américains suppose un jugement de valeur et sollicite notre admiration (d'où son usage fréquent des mots « nature » et « providence » à propos d'une forme sociale qui, plus que toute autre, a pourtant contribué à les bousculer). Mais cette théodicée est inexcusable aujourd'hui chez tous ceux qui s'abandonnent à « une véritable idolâtrie de l'objectivité », c'est-à-dire à « la tentation de réserver à l'enchaînement des faits toute l'efficacité historique[2] », comme l'écrivait Merleau-Ponty à propos des intellectuels de l'époque stalinienne. On dirait que l'Histoire a été réglée très minutieusement, telle une horloge, à notre intention : la bonne

1. Dans un livre précurseur et à contre-courant, Jean-Michel Besnier et Jean-Paul Thomas ont bien marqué comment une certaine lecture de Tocqueville tendait à « aseptiser notre mémoire collective » et à « justifier notre apathie » en discréditant jusqu'à l'idée même de la volonté (*Chronique des idées d'aujourd'hui*, PUF, coll. « Recherches politiques », 1986).
2. *Sens et non-sens*, Nagel, 1960, p. 159-160.

direction est imprimée, il suffit de garder le cap. Nous sommes délivrés de l'angoisse d'avoir à faire des choix puisque la démocratie se conçoit comme quelque chose qui est déjà devenu, non pas qui devient : récit achevé, nuée glorieuse dont nous aimerions bien céder sans dommage quelques parcelles aux nations encore plongées dans les ténèbres.

De là cette sensibilité évangélique de nos apôtres qui veulent se persuader et nous persuader que nos sociétés vibrent d'impératifs catégoriques discrets mais efficaces[1]. Le pluralisme est implanté si profondément dans nos mentalités qu'il nous commande presque d'oublier la politique. Alors que Lipovetsky se réjouit de la « déchéance burlesque » de cette dernière[2], Paul Yonnet, lui, exalte la « dépolitique » qui « témoigne de la vie d'une démocratie », « d'une volonté d'intervention directe sans dépossession politicienne » à travers le choix d'un vêtement ou un concert de musique[3]. En quoi le déclin de la vie politique va-t-il forcément de pair avec l'épanouissement individuel, par quel vase communicant miraculeux ce qui est retiré à l'une est rendu à l'autre ? On se garde bien de nous le préciser. On ne se demande même pas si une prise en charge personnelle est compatible avec une certaine forme de participation publique. Puisque l'être humain est constamment régénéré par la mode, l'automobile, le tiercé, la télévision, puisqu'il est le siège d'une « mutation anthropologique » (Lipovetsky) sans précédent, il n'a nul besoin de recourir aux instances collectives du vote, de la délibération, du jeu des partis, etc. Contentez-vous d'exister et le reste vous sera donné de surcroît.

1. Selon l'image qu'utilise Aldous Huxley pour décrire son *Meilleur des mondes*.
2. *L'Ère du vide, op. cit.*, p. 183.
3. Yonnet soutient sans rire que c'est le rock'n'roll qui a fait basculer l'Amérique dans l'opposition à la guerre au Vietnam et la dépolitique qui a précipité la décolonisation en France (*op. cit.*, p. 370 et 376). Bientôt on nous révélera que les signataires des accords d'Évian ont dansé le be-bop et la java pour conclure leur traité !

Cette nouvelle République des vertueux tout entière vouée à l'intensité et à la richesse de l'existence privée se devrait d'être au moins ambivalente ; mais non, il faut qu'elle soit miraculeuse, que le désinvestissement politique soit forcément le signe d'une consolidation. Car la révolution individualiste est une garantie qui dissipe toute inquiétude. Écoutons le philosophe Marcel Gauchet volant au secours de ceux qui se réclament, à tort selon nous, de sa pensée :

« Le consommateur libéré, cool et quelque peu Narcisse n'est sans doute pas un excellent citoyen, mais c'est un démocrate convaincu, attaché aux principes de tolérance, de pluralisme, de prise en compte de l'avis des gens concernés dans une décision, etc. Simplement, si j'ose dire, il est plus croyant que pratiquant [...] il est légitime de soutenir que la force des principes de la démocratie politique a considérablement progressé depuis trente ans. Ils sont plus solides et plus enracinés qu'ils n'ont jamais été [...] C'est un phénomène complexe : les principes de liberté progressent dans les têtes et dans les mœurs tandis que leur exercice concret se dévitalise. Seulement, attention, cet usage égoïste de l'émancipation individuelle en quelque sorte ne mène aucunement à en remettre en cause l'idée et l'acquis. Bien au contraire : il en légitime l'évidence en se détournant de leur usage. Ainsi, s'il peut avoir des conséquences antidémocratiques, est-il toujours démocratique d'âme et d'intention [...] nous assistons à l'émergence de cet hybride intéressant : des mouvements politiques sans politique, des engagements civiques sans civisme [1]. »

1. Alain Finkielkraut et Marcel Gauchet, « Malaise dans la démocratie », *Le Débat*, n° 51, septembre-octobre 1988, p. 149. Dans une étude à la fois brillante et ambiguë sur Tocqueville (*Libre*, n° 7, 1980), Marcel Gauchet avait donné libre cours à un optimisme quelque peu excessif, vantant « l'intervention providentielle du génie propre de l'égalité » et faisant de la démocratie un processus « largement inconscient de lui-même » et qui « s'est établi à l'insu de ses créateurs au titre de résultantes de leurs aveuglements respectifs ». Mais ce texte qui servit curieusement de manifeste à toute une génération de chercheurs et de sociologues ne résume en rien la réflexion autrement plus profonde entreprise depuis par Marcel Gauchet.

Excellent diagnostic, soit. Mais qu'est-ce qu'une foi sans les actes, sinon une peau morte, qu'est-ce qu'une église sans fidèles, sinon un bâtiment désaffecté ? Et puis admirons ce sophisme qui veut que les valeurs pluralistes n'aient pas besoin d'être traduites dans le réel puisqu'elles habitent les « âmes » ! Hier les Français ne croyaient pas à la démocratie et la combattaient ; aujourd'hui ils y croient mais ne la pratiquent pas. Où est le progrès ? Pour paraphraser une remarque d'Aron, croire à une idée vraie sans l'appliquer suffit parfois à la rendre fausse ou inopérante : avec ce risque de développer une démocratie platonique, invertébrée où les meilleures dispositions ne passent jamais dans les faits (comme si savoir qu'ils sont libres dispensait les citoyens d'exercer leur liberté !).

Il est vrai qu'un régime représentatif n'est rien sans les hommes qui le composent, les coutumes qui le contrarient ou l'enracinent. Mais comment faire fond sur une matière aussi fluctuante si l'on admet que l'individu n'a rien à apprendre, qu'il lui suffit d'exister, adorable entité tout entière ce qu'elle doit être ? Comment transformer le consentement involontaire de chacun à l'état social en consentement réfléchi ? L'idéal serait que l'imprégnation démocratique devienne un préjugé ; mais il n'y a pas transmission spontanée des règles et chaque génération doit recommencer pour elle cet apprentissage. A moins de faire de chaque être qui naît un nourrisson savant déjà formé à toutes les arguties du droit, de la philosophie et de la tolérance, on ne voit pas comment éluder la nécessité d'une éducation civique et politique à travers laquelle récapituler l'héritage.

De ce point de vue, la consommation, la publicité, l'automobile ne sont que les indices d'un progrès matériel et technique ; en eux-mêmes ils ne prouvent rien et n'induisent nullement une démocratie réflexe à la façon des pavloviens. Et que penser de cet économisme vulgaire – commun aux marxistes et aux libéraux – qui voudrait que l'avancée

### *La brute se rebiffe*

Quelle est l'ambition de l'individualisme démocratique ? Purger l'homme européen de son fond barbare. Par quels moyens ? La publicité, les médias, la consommation, petites machines à transformer l'égoïste et le fanatique en citoyen débonnaire. Prenez des fous de Dieu, des extrémistes, mettez-leur une voiture entre les mains, un supermarché à proximité et les voici redevenus des agneaux, des monstres de tolérance.

Il faut croire que le remède n'est pas infaillible, car à l'époque du cocooning, pour la seule France, 8 000 enfants sont martyrisés par an et 1 million de femmes sont battues. Ne parlons même pas du football, des jeunes gens qui lancent des bombes à fragmentation dans les stades (comme aux Pays-Bas), des affrontements sanglants entre clubs rivaux en Grande-Bretagne, de cette scène rapportée par la presse où, à Sheffield, après le drame du 15 avril 1989 qui fit 95 morts, on a vu des supporters rouer de coups des ambulanciers qui évacuaient les blessés, uriner du haut des gradins sur les victimes, lancer des plaisanteries obscènes aux jeunes femmes étendues sur les brancards.

Il est peut-être exact que le niveau de violence a diminué par rapport aux siècles précédents, mais il faut prendre en compte la violence née de la drogue (et elle est terrifiante, on se tire au fusil mitrailleur à quelques centaines de mètres du Congrès, la nuit, à Washington) et plus encore celle née de l'ennui, c'est-à-dire de la pacification de la vie. Et comment passer sous silence la rapacité des riches, l'arrogance des parvenus, la morgue envers les humbles ? Les prophètes de la mode et du caddie, avec leur obstination à nous remettre dans le droit chemin, sont d'une candeur touchante. Mais il n'y a rien à faire. Leurs recettes miracles ne viennent pas à bout de la brute humaine. L'ère du vide n'est pas cool.

spirituelle dépende de la seule prospérité ? Les lois doivent s'appuyer sur les mœurs, disait Tocqueville, à condition que les mœurs soient irriguées par l'esprit de lois, le dialogue des opinions, l'association des personnes. Et puisqu'il n'est pas d'équité naturelle inscrite dans le cœur des hommes, il faut discipliner ceux-ci, leur apprendre à devenir des personnes morales et non de simples faisceaux d'appétits utilisant la société à la façon d'un self-service auquel ils ne doivent rien [1]. En quoi d'ailleurs la « sécurité dans les jouissances privées », qui caractérise, selon Benjamin Constant, l'âge moderne, est-elle exclusive d'un bon usage des libertés politiques ? N'est-ce pas notre travail que de penser cette liaison plutôt que d'imaginer, platement, une extinction de la politique, laquelle conduirait tout droit au déclin progressif de nos libertés ?

## L'idylle et la béatitude

Pourquoi des essayistes intelligents, honnêtes, débarrassés en apparence de tout préjugé, en viennent-ils à plébisciter la modernité, à décerner un véritable satisfecit civique, un prix d'excellence moral à leurs contemporains futiles, anxieux et narcissiques ? Pourquoi les sociologues, lassés à juste titre de l'éternelle « culture de la dénonciation » (Paul Yonnet), finissent-ils par former une nouvelle école qui, pour être plus « cool » et plus « soft », n'en reste pas moins aussi dogmatique ? Pourquoi cette nouvelle race de soldats qui se battent pour ce qui est quand leurs aînés se battaient contre ?

1. Alain Renaut a bien montré comment la confusion entre une culture de l'indépendance – c'est-à-dire la liberté de faire ce que l'on veut – et une culture de l'autonomie – c'est-à-dire la possibilité pour l'homme de penser par soi-même – entraîne l'individualisme démocratique dans une adhésion sans réserve à la modernité (*L'Ère de l'individu*, Gallimard, « Bibliothèque des idées », p. 88, 89, 90, 1989).

Sans doute ces analyses d'inégale valeur ne sont-elles pas à mettre sur le même plan. Toujours est-il qu'elles traduisent une vulgate commune. Montesquieu avait déjà dit : « La religion catholique détruira la religion protestante et ensuite les catholiques deviendront protestants. » Pareillement, nos chercheurs n'ont écarté le marxisme que pour en garder les cadres mentaux, que pour lui ravir, dans un esprit de concurrence mimétique, son secret : la connaissance de la destination finale de l'humanité. Ils partagent avec lui une même croyance en une loi de l'histoire échappant à ses acteurs et se réalisant à leur insu. Comme lui, ils déifient le devenir qui consacre sans cesse les noces du réel et de la raison. Et les mêmes catégories qu'ils renversent comme un sablier continuent à guider leurs pensées.

Il était peut-être inévitable que, dans la galerie des héros de la modernité, Tocqueville, après un long purgatoire, en vienne à remplacer Marx et Lénine, suscitant la même adulation, le même goût pour l'oracle[1], que les pâmoisons pro-soviétiques ou pro-chinoises d'hier cèdent la place chez plus d'un à la vénération pro-américaine, qu'au fétichisme de la révolution succède *le fétichisme de la démocratie, laquelle s'est bien dégradée en idéologie, et même la plus tenace, puisqu'elle vit de l'illusion d'avoir mis à mort toutes les idéologies.* On avait oublié que l'esprit, comme la nature, a horreur du vide et que les intellectuels, bien qu'ils s'en défendent, n'ont toujours pas fait le deuil d'une vision historiciste du monde. Il n'y a donc pas eu débâcle des certitudes collectives mais simple déplacement. Une utopie totalisante a succédé à une autre, avec cette nuance que, dans la nouvelle, l'action est devenue superflue, le laisser-faire

1. Il est d'autres lectures possibles de Tocqueville, bien sûr ; celle d'Aron, distinguant le probabilisme de l'aristocrate normand du prophétisme marxien, ou encore celle de Pierre Manent. Mais, pour en revenir à ces appréciations plus nuancées, il faudra d'abord se débarrasser du Tocqueville augure, du Tocqueville devin qui a triomphé récemment.

permettant à l'humanité d'atteindre sans heurt majeur à la maturité.

On s'est donc bien engagés dans la tendance croissante « à faire de ce qui est le guide de ce qui devrait être[1] » (Boorstin). Et la simple adhésion au consensus est devenue à notre époque synonyme d'éthique et de justice : ce que reflète, par exemple, le concept de « génération morale » (Laurent Joffrin), exact pendant pour la jeunesse de l'idéalisation du prolétariat dans le socialisme, ou encore l'antiracisme ludique élevant les concerts de rock au niveau de remparts absolus contre la barbarie. Et quelle star des médias ou du show-business, quel chef d'entreprise ou homme politique ne rêve d'ajouter à ses titres le qualificatif supplémentaire de moral ? Nouvelle manière de faire coïncider la réussite avec le bien.

Comment être sûr que le cocon institutionnel nous immunise contre tous les égarements ? Comment la somme des caprices individuels peut-elle produire infailliblement une bonne société, en quoi l'exaltation de la liberté comme valeur privée est-elle forcément bénéfique pour la collectivité ? On ne nous l'explique pas, on se borne à nous renvoyer au réel qui fonctionne. A quoi bon s'inquiéter ? Le royaume est arrivé, le train usuel de la vie se confond avec la rédemption[2].

Avouons que nous avons tous cru, une fois la faillite communiste révélée, que « ça y est », que nous étions pour ainsi dire, en Occident, prédestinés à être les meilleurs. De l'imperfection absolue des dictatures populaires, nous en avons déduit la relative perfection de l'Europe et de l'Amérique. Après les débauches d'autoflagellation des années lyri-

1. Dans Ed. Purcell Jr., *op. cit.*, p. 258.

2. L'étonnant, c'est que le même état social puisse donner lieu à deux lectures exactement contraires, l'une bienveillante sur les miracles de la mode et de la modernité, l'autre catastrophiste sur la mort de la culture et la nouvelle barbarie, le simplisme de l'une appelant, nous le verrons plus loin, l'outrance de l'autre. L'étonnant, c'est que chacun de nous puisse balancer quotidiennement d'une position à l'autre.

ques, nos sociétés ont décidé de se regarder avec les yeux de l'attendrissement et de l'indulgence. (Elles caressent même une redoutable chimère, retrouver l'innocence, chérir leurs vices comme autant de vertus.) Nous avons mis l'esprit du monde aux côtés du vainqueur comme hier aux côtés de Dieu ou de Staline sans nous demander si le civisme de nos contemporains était autre chose qu'un mince vernis.

Otez la menace totalitaire : cela ne signifie pas que bonheur et probité s'installeront inévitablement chez nous. *Il s'agit moins d'une victoire que de la défaite d'une oppression, d'un risque précis.* Les Occidentaux bénéficient provisoirement d'un répit dû moins à leur fermeté qu'à l'écroulement de leurs divers adversaires ; mais un péril écarté n'est pas un progrès assuré ; pire même, un progrès qui n'est pas suivi par d'autres progrès peut être considéré comme perdu. D'autant que pour notre génération tout fut acquis et rien ne fut conquis. Et la démocratie périclite si elle se croit déjà achevée, si elle se pense comme une simple soustraction aux despotismes au lieu de rester une quête, une interrogation ardente.

L'on s'est réjoui très justement de la chute du rideau de fer ; mais, dans notre joie, nous avons oublié ce qu'il a signifié pour ceux qui vivaient au-delà : des économies détruites, des âmes brisées, des générations broyées par la peur, la honte et la gêne. Et que dire du ravissement qui accueillit la libération de Nelson Mandela alors que cet homme a passé la moitié de sa vie dans un pénitencier et que quatre décennies d'apartheid ont ravagé l'Afrique du Sud, creusé un fossé peut-être irrémédiable entre Blancs et Noirs, laissé des cicatrices ineffaçables ? Faut-il baptiser insurrection de l'esprit ce qui n'est qu'un retour au point de départ, plus les blessures laissées par des années d'oppression et de malheur ? Faut-il gommer la gigantesque régression qu'a constituée la terreur communiste en Europe de l'Est, l'instauration du développement séparé à Johannesburg ?

Est-ce cela l'épopée de la délivrance ? Priver de leurs droits des millions d'hommes puis les leur rendre un jour et crier au miracle ? Si je vous jette en prison et vous en ressors dix ans après, parlerez-vous d'un accroissement de la liberté ou d'un déni de justice trop tardivement réparé ? Ne sommes-nous pas, dans notre béatitude, en train de récrire l'histoire du monde en termes de rédemption et de rachat où crises, sacrifices, souffrances sont les étapes d'une évolution vers le mieux ? Subtil raisonnement grâce à quoi rien n'est perdu, où le mal lui-même n'est qu'un épisode passager qui cachait un bien à venir. Merveilleux sophisme qui omet simplement ceci : que la dictature communiste comme l'apartheid n'ont servi à rien, qu'elles ont constitué des impasses absolues, une suite d'atrocités inutiles.

Quelle dérision finalement qu'après avoir répété si longtemps dans toutes les langues « Une seule solution, la révolution », nous chantions aujourd'hui la démocratie comme « la solution » aux problèmes de la cité. Alors que, si ce type de régime garde une validité, c'est bien de refuser l'existence d'une solution toute faite puisque l'avenir y a toujours la figure de l'indétermination, laquelle voue les lois et les institutions à un questionnement perpétuel[1]. *C'est toujours là où d'autres fournissent la réponse que devrait commencer pour nous la question.* Et ne pas savoir où va l'Histoire, c'est aussi refuser qu'elle aille n'importe où, c'est repousser le double piège du scepticisme et du *happy end,* du sens tracé à l'avance[2]. Au nom de quoi prévenir la déchéance de l'idéal démocratique ? Au nom de sa promesse d'un monde meilleur, au nom de l'avertissement qu'il nous donne que cette promesse ne sera jamais achevée et ne le doit pas. Faute de quoi, au moment où il éveille tant d'espoirs à l'Est et au

1. Nous ne pouvons que renvoyer ici aux excellentes analyses de Claude Lefort aussi bien dans *L'Invention démocratique* (1981) que dans ses *Essais politiques* (1986).

2. Merleau-Ponty disait très justement : « Il y a moins un sens de l'histoire qu'élimination du non-sens » (*Les Aventures de la dialectique*, Gallimard, coll. « Idées », p. 62).

Sud, il deviendrait la dorure exquise avec laquelle nos sociétés enrobent leur inertie.

Nous voici donc revenus à la morale de Candide : chacun cultive son jardin. Faut-il pavoiser pour autant ? En tous les cas, nous nous souviendrons probablement comme d'une vacance bénie de cette décennie passée où le cynisme se parait du beau nom de générosité, où l'indifférence se disait charitable, où le pavillon de l'humanisme recouvrait tant de marchandises de contrebande. Mais pourrons-nous encore tricher longtemps ?

CHAPITRE IV

# Les courtisans de l'Apocalypse

> On fait des grandes œuvres d'art un usage tout aussi déplacé quand elles servent les fins d'éducation ou de perfection personnelles que lorsqu'elles servent quelque autre fin que ce soit.
>
> Hannah Arendt,
> *La Crise de la culture,*
> Gallimard, « Idées », p. 260

> Je penche [...] vers la conviction irrationnelle et même indécente qu'il est passionnant de vivre ce moment tardif et sans pitié de la civilisation occidentale.
>
> George Steiner,
> *Dans le château de Barbe-Bleue,*
> Gallimard, « Folio », p. 156

## L'illumination de Vincennes

En octobre 1749, J.-J. Rousseau, qui va rendre visite à Diderot emprisonné au château de Vincennes pour sa *Lettre sur les aveugles,* découvre dans le *Mercure de France* cette question mise au concours par l'Académie de Dijon pour le prix de morale de 1750 : « Si le rétablissement des sciences et des arts a contribué à épurer les mœurs. » Aussitôt, c'est la révélation : fortement oppressé et « mouillé de larmes », Rousseau écrit sous un chêne, au crayon, le début du *Discours sur les sciences et les arts* et va le lire à Diderot qui l'encourage à continuer.

L'émotion de Rousseau est compréhensible : seul de son siècle, il ose mettre en doute ce qui deviendra le credo des Lumières : que la prose, le théâtre et la poésie forment le meilleur moyen d'affranchir le genre humain du mal et de la superstition. « Heurtant de front tout ce qui fait l'admiration des hommes, je ne puis m'attendre qu'au blâme universel. » Sans faire l'éloge de l'ignorance ni demander qu'on brûle les bibliothèques et les académies, Rousseau conteste les bienfaits de la littérature et de l'érudition. Plus tard, en 1758, contre Voltaire qui voulait « déniaiser » les Genevois en leur jouant du théâtre, il soutient dans la *Lettre à d'Alembert* que comédie et tragédie, loin de corriger les passions, n'éveillent que des attendrissements factices ou, pire, rendent le crime aimable.

Rousseau et son goût de la simplicité biblique, son puritanisme, sa méfiance des artifices ont, à juste titre, prêté à rire. Il fut pourtant le premier à opposer la voix du soupçon à l'euphorie des Lumières, le premier à démontrer l'absence de lien entre niveau culturel et conscience morale (et il faudra attendre le freudisme pour voir la culture suspectée de renforcer et non d'atténuer la perversité humaine).

La postérité de l'auteur des *Confessions,* sur ce point précis, a été maigre ; celle de ses contradicteurs, innombrable. La croyance dans la valeur éducative des livres est devenue, en France tout au moins, un article du culte républicain ; pour arracher le peuple à l'obscurantisme (et aussi désarmer sa violence), il n'était meilleur moyen que la scolarisation obligatoire, principe que Hugo résumera dans cette formule lapidaire : « Ouvrir une école, c'est fermer une prison. » Mais l'esprit de l'*Encyclopédie* devait nous revenir, enrichi et amplifié, depuis l'Europe de l'Est, au milieu des années 70, par ceux que l'on appelait alors les dissidents. Originaires de ces nations colonisées où la politique omniprésente se confondait avec le mensonge officiel du communisme, ils devaient célébrer dans la culture un élément de survie et de résistance, le domaine par excellence de la liberté. Niant la division arbitraire qui coupait l'Europe en deux, poètes, philosophes, écrivains allaient plaider sans relâche pour le rétablissement du dialogue entre l'Est et l'Ouest au nom d'une idée exaltante de la culture élevée au rang de « valeur suprême » (Kundera). Et ce, au moment où cette immense aventure collective, fondée sur la tolérance, le dialogue des contraires, un art de vivre fait de détachement et de sagesse (György Konrad), risquait de sombrer corps et biens sous les chars de l'Armée rouge.

Il suffisait dès lors à des intellectuels occidentaux et même américains de faire le lien entre les deux moitiés de l'Europe et de montrer que la culture, là-bas étouffée par l'Évangile marxiste, périssait chez nous sous la consommation et l'*entertainment,* pour qu'une séduisante symétrie s'établisse. Un même combat pouvait mobiliser les bonnes volontés de part et d'autre du rideau de fer et l'Occident repu rejoindre l'Occident occupé dans un sursaut de dignité.

Admirable projet, à vrai dire, et qui se poursuit aujourd'hui que ce même rideau de fer est tombé[1]. Les uns, au-delà de l'Elbe, contribuaient de façon décisive à la revalorisation de l'Europe comme espace du doute et du pluralisme ; quant aux autres, en rappelant l'ambition des Lumières, promouvoir la maturité et l'autonomie des individus, ils rendaient perceptible chez nous la dégradation de cette idée confondue trop souvent avec la médiocrité des médias ou la production des loisirs. Sévère, la mise en garde n'en était pas moins justifiée, surtout lorsqu'elle insistait sur la destruction de l'école et le

1. Il se poursuit du moins chez nous ; l'Est, depuis l'automne 1989, trouve et retrouve les charmes du multipartisme, des campagnes électorales, des meetings, des manifestations et de la presse militante.

naufrage de l'enseignement[1]. Et puisqu'un même trésor se mourait à l'Est comme à l'Ouest, il devenait possible de reprendre un nouveau combat, et la phrase d'Allan Bloom : « Mon livre doit être lu comme un communiqué du front pendant la guerre », pouvait être entendue au pied de la lettre. Nous manquions de croisades ; en voilà une belle qui s'offre à nous et descend jusqu'au plus intime puisqu'elle met face à face l'enfer et le paradis jusque dans nos goûts privés : selon que vous écouterez Bach ou Mick Jagger, vous serez sauvé ou damné.

On peut se demander néanmoins si cette redécouverte de la culture comme ciment fédérateur n'est pas une arme à double tranchant. La fortune du thème devenu vite un nouveau cliché, un nouveau conformisme intellectuel en Europe occidentale, laisse à penser que quelque chose dans ce débat a été escamoté : et si on s'était jeté sur cette cause pour échapper à la politique rébarbative et même la supplanter ? Le plaidoyer du romancier György Konrad en faveur de *L'Antipolitique* (La Différence, 1987), qui devrait subordonner les principes de gouvernement à la société civile et aux identités culturelles, est à ce titre révélateur. Puisque l'histoire a déçu, a horrifié, quel merveilleux refuge que l'art et la littérature !

## Le partage des dépouilles

Si l'on se limitait à dénoncer le nivellement réducteur du « tout-culturel » qui met sur un même plan un tableau de Cézanne et une bouteille de Coca-Cola, on applaudirait à

1. Citons, en dépit de leurs évidentes différences et bien qu'aucune de ces œuvres ne se résume au sujet traité ici, *La Barbarie,* de Michel Henry, *L'Âme désarmée,* d'Allan Bloom, *La Défaite de la pensée,* d'Alain Finkielkraut, *L'Éloge des intellectuels,* de Bernard-Henri Lévy, *L'Entreprise France,* de Lothar Baier, *L'Art du roman,* de Milan Kundera.

deux mains ; mais, derrière ce juste rappel à l'ordre, s'infiltre une vieille illusion selon laquelle le développement de la liberté est lié à l'instruction ou, pour reprendre la formule de Condorcet, que « les progrès de la vertu ont toujours accompagné ceux des Lumières comme ceux de la corruption en ont toujours suivi ou annoncé la décadence[1] ».

Ainsi s'explique le transfert massif sur la culture des espérances autrefois investies dans la politique. Double avantage : dans le partage des dépouilles, la première se taille la part du lion tout en subtilisant à l'ancien idéal son caractère combatif : on endigue la barbarie comme hier le communisme (ou le capitalisme) avec une rigidité qui rappelle souvent les pires luttes partisanes. Renversement du jdanovisme : alors la poésie, la peinture, la musique devaient servir une idéologie, un Chostakovitch composer une symphonie en l'honneur des chantiers de reboisement ; désormais, la culture rend non seulement la politique superflue mais, par sa capacité à réformer et à corriger la nature humaine, elle concurrence victorieusement la morale et l'action. Bref, elle devient un « absolu de substitution[2] » (Jean Starobinski), un mot à majuscule comme Dieu, véritable étendard qui entend couvrir tous les domaines de la vie et de la pensée. Comme si le progressisme, ayant déserté le vieux rivage de la lutte des classes, avait retrouvé dans les arts un nouveau tremplin pour rebondir et ouvrir devant soi un avenir illimité.

Si la lucidité de Rousseau ne nous avait pas convaincus, qu'il nous suffise de songer à ce simple fait : c'est un pays

1. Condorcet, *Esquisse d'un tableau historique des progrès de l'esprit humain,* Garnier-Flammarion, p. 137.

2. Elle formerait donc ce que Starobinski a nommé, à propos d'un terme voisin, la « civilisation », « un vocable synthétique » qui embrasserait à la fois l'esprit, les mœurs, la politesse, les commodités, le luxe. Starobinski note également que les Allemands ont mis en place au début du XIX<sup>e</sup> siècle un rival du mot français « civilisation » : *die Kultur* (la culture), lequel a rejailli sur l'usage actuel en français, qui inclut la culture formation (*Bildung*) et la culture civilisation (*Le Remède dans le mal,* Gallimard, 1989, p. 48 et 15).

hautement cultivé, l'Allemagne, qui s'est rendu coupable en notre siècle de l'abomination que l'on sait ; si le régime national-socialiste a bien brûlé des livres dans les autodafés, il en a promu d'autres et pas des moindres, il a vénéré la grande musique (Hitler aimait Wagner à la folie et l'on faisait jouer Mozart et Beethoven aux portes des chambres à gaz, par les détenus[1]), il a attaché une importance particulière aux manifestations culturelles (telle l'exposition à Paris d'Arno Brecker, sculpteur attitré du Führer et qui fut patronné par Jean Cocteau) ; s'il tenait en suspicion les intellectuels, « cette race insupportable » (Brasillach), il a aussi organisé divers voyages d'hommes de lettres français en Allemagne à la rencontre de leurs homologues locaux avec pèlerinage sur les tombes de Goethe et de Schiller[2] ; il eut l'aval, sinon le soutien actif, de Martin Heidegger, de Richard Strauss, de Gottfried Benn, de Carl Schmitt, de Konrad Lorenz, de Heisenberg et de nombreux prix Nobel allemands ; enfin, ses dignitaires eux-mêmes prétendaient au titre d'artistes démiurges et certains d'entre eux furent de très honorables interprètes ou amateurs[3]. Que fut aussi le nazisme ? Une barbarie cultivée (qui sut récupérer les traditions culturelles germaniques à ses fins propres). La culture nous a conduits aux chambres à gaz, diront les sionistes après la guerre. A tout le moins, elle ne les a pas empêchées.

1. Le chef Karel Ancel, juif et tchèque, dirigeait par exemple l'orchestre du camp de concentration de Terezin constitué de musiciens juifs, exterminés dès qu'ils avaient réussi à monter une œuvre pour la jouer. Ancel, nous dit Alain Lompech (*Le Monde*, 17 octobre 1989), échappa miraculeusement à la mort.

2. Tel celui du congrès international de Weimar en octobre 1941 et qui réunissait Jouhandeau, Drieu La Rochelle, Brasillach, Ramon Fernandez, Jacques Chardonne (cité dans Pascal Ory et J.-F. Serinelli, *Les Intellectuels en France,* A. Colin, 1986, p. 132).

3. Goebbels publia un roman, Goering se voulait patron des arts, Hitler espérait devenir architecte et peintre, si l'on en croit l'historien américain Fritz Stern, spécialiste de l'Allemagne (cité par W. Pfaff, *Barbarian Sentiments,* Hill and Wang, 1988, p. 55). Malaparte a dessiné dans *Kaputt* le portrait de Hans Frank, *Generalgouverneur* de Pologne et *Reichsminister,* et a montré ce responsable de la solution finale pour l'Est sous les traits d'un poète délicat et d'un virtuose au piano, spécialement dans Bach et Mozart.

C'est un autre monstre totalitaire, l'URSS de Staline, qui, en dépit d'une censure féroce et d'un étouffement de la création, a permis, grâce à un réseau de bibliothèques et d'éditions à bon marché, l'accès de tous aux plus beaux fleurons de la littérature universelle (ou du moins à ceux des classiques qui ne contrariaient pas les diktats du pouvoir en place) ; c'est en URSS qu'existent certaines des meilleures écoles de ballet et de musique au monde, d'où sortent chaque année des virtuoses hors pair.

Et comment oublier aussi en Europe l'attrait, pour ne pas dire l'amour, que la fraction en principe la plus éclairée de la population, l'intelligentsia, a manifesté, des décennies durant, pour les doctrines fasciste et stalinienne, prête à abandonner tout esprit d'examen au profit de l'activisme le plus grossier. (Quel plus lamentable exemple de ce retournement que celui de Julien Benda, procureur de *La Trahison des clercs* en 1927, devenu, après guerre, compagnon de route du Parti communiste et justifiant les procès de Hongrie en 1949 [1].) Si la poésie la plus exquise, le roman le plus subtil, la meilleure des mélodies sont compatibles avec l'infamie, *c'est que cultivé ne veut pas dire civilisé et encore moins moralisé.*

La liberté, disait la Révolution, n'est pas permise à l'ignorant ; nous savons désormais qu'elle ne l'est pas plus à l'homme instruit. L'Histoire n'a ratifié aucune des prévisions des Lumières, les êtres de culture sont moralement et politiquement aussi faillibles que leurs contemporains illettrés. C'est ce paradoxe qui ruine à jamais les espoirs du XVIII^e siècle et qu'a admirablement exposé George Steiner : « [...] la qualité de l'éducation dispensée et le nombre des gens qu'elle touche ne se traduisent pas nécessairement par une stabilité sociale ou une sagesse politique plus grandes [...] les sommets de l'hystérie collective et de la sauvagerie

1. C'est par « fidélité » au dreyfusisme que Benda soutient l'exécution de Rajk, nous dit Michel Winock, dans « Les intellectuels dans le siècle », *XX^e siècle,* n° 2, avril 1984, p. 10.

### « *Dallas* » et « *Le Nom de la rose* »

N'est-il pas étrange de crier à la mort de la culture au moment où celle-ci est vénérée des plus hauts cercles du pouvoir jusqu'aux plus petites communes de France et d'Europe ? Au moment où la diffusion de la recherche est assurée comme jamais, où, grâce notamment au disque compact, des millions de gens s'initient à la grande musique, où les musées, les expositions sont pris d'assaut, les conservatoires et les écoles de beaux-arts complets, où le nombre de lecteurs, par rapport à ce qu'il était il y a cinquante ou cent ans, s'est accru considérablement ? Pour énoncer autre chose que des clichés, ne faudrait-il pas comparer la culture de masse d'aujourd'hui à la culture populaire d'hier et voir s'il y a une différence fondamentale entre l'almanach du XIX^e siècle et les « digests » actuels ?

*Au lieu de pleurer une agonie, ne devrait-on pas penser une mutation ?* Le phénomène saisissant de notre époque, c'est l'expansion parallèle et de la grande culture et de l'industrie des loisirs. Comment n'être pas surpris de l'incohérence apparente d'un public qui s'entiche à la fois de Gauguin et de « La Roue de la fortune » ? qui regarde massivement *Dallas* et plébiscite Umberto Eco ou Garcia Marquez ? Peut-être sommes-nous tous devenus des caméléons culturels en qui les plus hautes exigences intellectuelles voisinent avec des zones de bêtise et de mauvais goût ? D'ailleurs, un monde sans kitsch ne serait-il pas invivable ? Nous avons donc tort d'espérer ou de désespérer des lecteurs et des amateurs : il faut attendre d'eux contradictoirement le désastre et le miracle.

peuvent aller de pair avec le maintien et même le renforcement des institutions, de l'appareil et de l'éthique de la haute culture. En d'autres termes, les bibliothèques, musées, théâtres, universités et centres de recherche qui ont perpétué la vie des humanités et de la science peuvent très bien prospérer à l'ombre des camps de concentration [1]. »

1. *Dans le château de Barbe-Bleue,* Gallimard, « Folio Idées », p. 90. Steiner pousse l'analyse jusqu'à rendre la culture classique et son goût du désastre complice

## Les mystères de la rédemption

Pour éviter toute confusion, il eût été peut-être nécessaire de distinguer d'emblée « culture » comme ce qui s'oppose à « nature », et « civilisation » à « barbarie », même si, comme le souligne Edgar Morin, les deux notions se chevauchent l'une l'autre[1]. Car, pour être généreuse, la mythologie qui anime nos croisés n'en cst pas moins erronée. Que la culture nous aide à juger par nous-mêmes, à développer nos facultés intellectuelles, à nous orienter dans le temps, à nous rattacher à des traditions librement choisies (en nous détachant d'autres) est indéniable; qu'elle nous polisse, nous adoucisse, nous humanise en un mot, constitue là un acte de foi que les événements n'ont jamais entériné. *L'école donne à chacun les outils de la liberté, elle ne la garantit pas.*

Ainsi Allan Bloom a-t-il raison de plaider pour un retour aux classiques à l'université contre l'étroitesse des spécialisations, mais il enjolive à dessein en attribuant aux « grands livres » une influence et une vertu décisives; soutenir, par exemple, « qu'un bon programme de culture générale insuffle à l'étudiant l'amour de la vérité et la passion de vivre une existence bonne en lui faisant connaître les meilleures choses qui aient jamais été dites[2] », c'est se bercer avec des fables. Depuis Néron qui récitait des vers en regardant brûler Rome, l'histoire est remplie d'assassins poètes, de mélomanes racistes, de tortionnaires raffinés qui ont mis toute leur science au service de pulsions perverses. N'attendons pas des

de la catastrophe qui s'est abattue sur le monde. De là cette ambivalence dont il est parfaitement conscient : faire peser les pires soupçons sur la littérature et les beaux-arts et regretter cependant que leur rôle ne se relativise.

1. *Penser l'Europe,* Gallimard, 1987, p. 72-73.
2. *L'Âme désarmée,* Julliard, 1987, p. 286.

*La poésie doit-elle être faite par tous ?*

Il est possible que la crise de la culture ne soit qu'une conséquence de son trop grand succès. Qu'un nombre croissant d'hommes et de femmes aient accès à l'instruction et aux loisirs explique que chacun désormais veuille écrire, peindre ou composer et non plus se contenter du statut passif de récepteur. Qui blâmer d'ailleurs, sinon les espoirs des Lumières promettant la manne de l'esprit à tous, de la chaumière au palais ? Au nom de quoi la masse, perdue dans l'ennui du salariat, ne taquinerait-elle pas la Muse ?

D'où cette inflation de romans, de troupes de théâtre, de groupes musicaux, signe d'une extraordinaire effervescence dont la contrepartie pourrait bien être que plus personne ne se lise ou ne s'écoute. La bonne marche du système veut que quelques-uns produisent et que la majorité consomme ; si le rapport s'inverse, le système implose. Que la foule des créateurs se gonfle à la taille d'une armée et c'est la création qui est poignardée. La valeur de la littérature et de la peinture, c'est leur rareté ; elles ne peuvent donc jamais être faites par tous, comme Lautréamont le demandait à propos de la poésie. Et pour tous ? C'est encore moins sûr. L'accès de la multitude aux monuments du passé se paie d'une inévitable dénaturation. Ce qui est gagné en quantité est souvent perdu en finesse, en intelligence, en respect des auteurs. Reproduites à des millions d'exemplaires, les grandes œuvres sont guettées par la banalisation. Triste constat : la culture serait minoritaire par excellence, alors qu'elle proclame *urbi et orbi* son universalité ! C'est la démocratisation, non les loisirs, qui lui serait fatale, et la vulgarité envahissante des médias, loin de la menacer, la sauverait en faisant d'elle à nouveau l'apanage de quelques lettrés, maîtres des codes, des canons et de la transmission.

tableaux qu'ils se décrochent au passage du despote, du livre qu'il se referme entre les mains du criminel, de la musique qu'elle se taise lorsque le bourreau l'écoute.

Il est vrai que le roman inaugure en Occident le règne du relatif (Kundera), de la diversité des points de vue ; il ne s'ensuit pas que le commerce des romans nous rende plus tolérants. Il n'est pas de passage obligé de l'œuvre à la vie : je puis, tout en lisant, oublier mes préjugés, communier avec l'univers d'un écrivain chinois ou sud-américain, me sentir de plain-pied avec d'autres époques ; cela ne signifie rien sur le plan de mon ouverture d'esprit dès que j'abandonne l'espace littéraire. Sceptique, ironique, ambivalent, le temps d'une lecture, je redeviens partial, sectaire, emporté lorsque je retourne dans mon siècle pour me confronter à mes semblables. Rousseau déjà stigmatisait ces tyrans sanguinaires qui versent des torrents de larmes au théâtre : « Aucune pitié ressentie sur scène n'a jamais inspiré le moindre acte d'humanité[1]. »

Parce que le roman est au-delà du vrai et du faux et courtise le mensonge, on ne saurait inférer de sa fréquentation un progrès civilisateur. S'il introduit au relativisme, c'est d'abord au relativisme du bien et du mal ; il autorise dans la sphère de la fiction ce qui doit être réprimé ailleurs. De la scène romanesque à la scène sociale, il y a rupture. De même, s'il éclaire le monde, ce n'est pas sans l'obscurcir, s'il nous enseigne un savoir, c'est un savoir incertain ; littéralement, il ne nous apprend rien, il reste suspendu au bord de la connaissance comme de la philosophie. Il faut une confiance aveugle dans les pouvoirs démiurgiques de l'écrit pour le croire capable de façonner les esprits et les consciences. Plaisirs souverains, la littérature comme la musique ne sont en rien comparables (heureusement) avec ce travail de la loi qui fait l'individu « législateur et sujet », pour reprendre les

1. *Lettre à d'Alembert,* Garnier-Flammarion, p. 76.

termes de Kant. Il est donc vain d'attendre des grands textes, et de l'art en général, qu'à eux seuls ils nous émancipent ou modifient la nature humaine.

## Touche pas à ma culture

Devant le pullulement des genres mineurs (pub, mode, variétés) montant à l'assaut de la belle culture pour y recevoir l'onction suprême, comment ne pas éprouver une nostalgie de l'âge d'or quand les frontières entre vie profane et vie spirituelle semblaient tranchées ? Comment ne pas avoir le sentiment que la beauté est derrière nous et qu'elle seule est encore capable de sauver une humanité qui s'enfonce dans l'abîme et dont le génie s'est arrêté hier ? Mais ce culte des chefs-d'œuvre ne risque-t-il pas de les dégrader en pièces pour cabinet d'antiques ?

Les nostalgiques de la tradition se font malgré eux les fossoyeurs de la tradition lorsque, tels des douaniers, des gabelous, ils barrent le royaume de l'esprit aux vulgarités du temps. Ils le cernent de hauts murs afin de le préserver dans sa sublime sévérité, vestige immortel de ce que les siècles ont laissé de meilleur. Du même coup, ce royaume devient un refuge soustrait à ce qu'il fut et devrait être, un dialogue souvent violent, toujours fécond, entre écoles, courants et créateurs. Bref, on ne nous laisse d'autre choix qu'entre l'idiotie (le consentement au présent) et l'idolâtrie (la prosternation devant l'autrefois) [1].

1. Certains jugent obscène qu'un passage de *La Traviata* serve de fond sonore à une publicité de tampons hygiéniques ou qu'un tableau de Vermeer orne une marque de yaourts. Par essence, le discours publicitaire est profanateur et plie toutes les croyances et convictions sous le joug de sa logique. Mais outre que nul ne confond les œuvres réelles avec leur utilisation mercantile, on peut voir aussi dans cet irrespect l'hommage du vice à la vertu. N'est-ce pas tout de même la publicité qui passe, Verdi et Vermeer qui demeurent ?

L'histoire barbare de l'Europe se trouve ainsi divinisée, Shakespeare, Platon, Beethoven, Voltaire mis sur le même plan ; mais cette « communion des saints », pour reprendre l'expression de Sartre, évoque un enterrement plus qu'un hommage. Nous ne conversons plus avec ces monstres sacrés, nous les vénérons sans possibilité de garder un lien vivant avec eux.

Pourquoi aimons-nous tant le passé ? Parce qu'il est pacifié, que les conflits y sont éteints, les plaies cicatrisées. Nous avons le cœur serré devant une chapelle ou une église à l'abandon, alors qu'il y a deux cents ans peut-être nous les aurions pillées ou brûlées par haine du clergé. Or ces combats sont terminés, les biens ecclésiastiques sont tombés dans le domaine culturel, c'est-à-dire celui de la permanence. Le passé est un grand niveleur, nous y amnistions vainqueur et vaincu, César comme Vercingétorix, Saint-Just comme Louis XVI. Nos sociétés aspirent à s'affranchir de la tradition mais la regrettent dès qu'elle a disparu ; nous en venons donc à chérir des monuments qui ont signifié malheur et souffrances pour d'autres hommes : depuis les pyramides d'Égypte, édifiées sur les vies de milliers d'esclaves, jusqu'au palais de Versailles, caprice d'un monarque dictatorial dont la fantaisie a coûté aux Français d'alors faim et privations, nous révérons dans l'héritage de l'humanité le témoignage des divers despotismes qui nous ont façonnés. Incapables d'épouser les querelles de nos ancêtres, nous ne voyons plus dans leurs villages ou leurs châteaux que la stabilité, un pont émouvant qui nous relie aux anciens temps.

Or c'est une chose que de préserver un quartier ancien ou un monastère, c'en est une autre que de verser l'ensemble de la culture dans la conservation du patrimoine. L'extraordinaire vitalité de l'art en Occident ne vient-elle pas aussi de cette stratégie de la rupture qui, depuis l'aube des temps modernes, a permis aux divers genres de fuir les conventions : d'autant que la mainmise sur les formes artistiques par les classes dominantes a contraint les artistes en rébellion contre ces classes à déserter les anciennes formes pour en inventer de nouvelles. La culture dressée contre elle-même, appelant à sa destruction, fille et mère de la révolte : ce paradoxe a produit les plus grandes, les plus belles œuvres. Comme si l'attaque la revigorait alors qu'à vouloir la protéger, telle une convalescente, nous l'étouffons sous notre respect, nous transformons cette extraordinaire réserve de voix, d'idées, d'inventions en une nécropole dont les hôtes, silencieux, restent pétrifiés par notre admiration[1].

Qui ne rêve, face à la confusion actuelle, que les ouvrages ne nous viennent déjà estampillés du sceau de la postérité ? Nous voulons savoir ce qui restera et ce qui passera, et nous le voulons pour conjurer le spectre des fausses valeurs dans un univers où il y a toujours trop : trop de livres, de concerts, d'expositions, de films (c'est le rôle des prix littéraires que de nous dispenser de l'angoisse en désignant ce qu'il faut lire). Le doute est au cœur même de la culture soumise à une réévaluation permanente (voyez la dispute des interprétations au théâtre, celle des baroqueux ou du jeu sur instruments d'époque en musique). Chaque création est un pari sur la durée et implique donc un risque d'erreur. Combien de célébrités encensées par leur temps et qui ont disparu à la trappe (la pièce *Timocrate* de Thomas Corneille fut le plus grand succès de théâtre au XVII^e siècle), combien de génies en revanche ignorés de leur vivant (Nerval, Modigliani,

1. Qu'est-ce qu'un opéra, un concert, une représentation théâtrale ? Une messe laïque durant laquelle nous rendons hommage au dieu des Modernes : l'Art ! Nous oublions dans notre respect engoncé qu'au temps de Vivaldi les opéras étaient de grandes fêtes populaires où se mélangeaient toutes les classes, un lieu mondain où l'on discutait, buvait, ripaillait, forniquait même, où le public s'émerveillait d'abord du décor et des machineries et n'écoutait la musique que d'une oreille distraite ; qu'à l'époque de Shakespeare, des prostituées parcouraient les rangées des théâtres pour offrir leurs services, bref que l'art n'était en rien ce rituel individualiste et figé qu'il est devenu depuis l'époque romantique. Ce qu'ont de réducteur bien des plaidoyers en faveur de la culture, c'est qu'ils passent délibérément sous silence, à des fins de polémique, la diversité et la richesse que d'autres époques avaient mises dans cette notion.

Van Gogh) ou morts oubliés (W.A. Mozart) et misérables (Vivaldi, Purcell) ?

Pour estimer la production moderne, il est donc indispensable de suspendre son jugement ; être le contemporain d'une œuvre nous interdit de lui octroyer l'éternité *a priori*, de l'encenser ou de la rejeter sans une marge d'inexactitude. Seule la prudence doit nous guider. En attendant le verdict de l'avenir, romans et tableaux flottent dans le purgatoire entre l'éloge des uns et le discrédit des autres. C'est ce trouble qui rend la vie culturelle problématique et passionnante.

Que rien ne soit à sa place, que le pseudo se donne pour le vrai, le frelaté pour l'authentique, est un fait redoutable mais grisant : les plus grandes réussites sont toujours venues au monde dans ce désordre. Au contraire du besoin de clarté que trahit la défense du classicisme, il faut garder ouverte cette zone d'incertitude et de chaos, quitte à se tromper (étant entendu, comme l'a dit Michel Tournier, qu'il faut l'humus de beaucoup de choses médiocres pour susciter un seul prodige [1]).

Notre destin, c'est le disparate, l'impur, l'hybride, la présence en chacun de nous de goûts incompatibles, les noces improbables d'Otis Redding et de Mozart, d'Om Kalsoum et de Fellini, de Tintin et de Hegel. Nous abritons sans pouvoir les réconcilier des genres qui ne s'aiment pas entre eux. On peut comprendre que certains tancent le divertissement ou les loisirs au nom de la « haute culture » avec la même intransigeance que l'Église d'autrefois condamnait cette même culture au nom de la « sainte religion » ; qu'ils opposent les réussites précaires de notre temps à l'immortalité d'un Racine

1. Le rock, la bande dessinée, la science-fiction font-elles partie de la culture ? Subsistera-t-il un jour de leur prolifération quelque résidu digne d'être conservé ? L'honnêteté consiste à répondre que nous n'en savons rien et que cela n'a d'ailleurs aucune importance. Souvenons-nous simplement du mépris où furent tenus à leurs débuts le jazz et le roman noir : l'histoire littéraire, musicale ou picturale n'est faite que de ce type d'usurpations, c'est-à-dire de la lente émergence, au milieu d'un amas de déchets puérils ou quelconques, d'un diamant destiné à rester.

### *La prison de l'esprit*

A en croire une rumeur, un combat titanesque opposerait de nos jours deux monolithes : la culture et le divertissement. Il est curieux tout de même que notre fin de siècle, obsédée par un souci de préservation, n'ose plus interroger les pathologies du savoir, les figures du pédant, du snob, du cuistre, du rat de bibliothèque, de l'esthète, du philistin qui en forment les contrefaçons grimaçantes et proprement inévitables.

Depuis Flaubert, fasciné par la bêtise de la connaissance, jusqu'à Élias Canetti, décrivant dans *Autodafé* un sinologue qui préfère les livres aux hommes et que les livres rendent fou, sans oublier Georg Simmel et Hermann Hesse, toute une tradition de pensée a souligné les pièges mortels qui gisent au sein même de la culture. Amas protéiforme de styles et de langage, celle-ci peut nous étouffer littéralement sous sa fécondité, son énormité. Même si nous baignions en elle comme dans un liquide amniotique, nous n'en serions pas moins menacés. En chaque tête blonde qui étudie les classiques sommeillent un Bouvard et un Pécuchet virtuels ; derrière les plus grands textes, le délire d'interprétation n'est pas loin, tel un puits sans fond où nous risquons de nous noyer. Et s'il est un bon usage des joyaux de la littérature et de la musique, personne n'en détient la clef, c'est à chacun de la réinventer pour soi.

La culture peut donc tuer la culture et les êtres cultivés. Il faut renoncer à faire en elle notre salut : elle constitue une voie royale semée d'embûches et qui consacre le divorce entre l'art et l'art de vivre. Elle forme notre personnalité, elle la défait également, elle nous guide comme elle nous égare, elle est le berceau de l'esprit, elle en est aussi la prison. Bref, *elle n'est pas sûre.* Amère déception : on peut donc se perdre et s'abrutir avec Homère et Goethe autant qu'avec la plus vile camelote !

ou d'un Monteverdi, au risque d'isoler ces géants dans l'empyrée de la perfection ; mais font-ils là autre chose que de brandir de pieux fétiches pour conjurer l'incertitude du présent ?

## Vers un Disneyland de luxe ?

Dans ses souvenirs, Stefan Zweig a bien montré comment, dans la Vienne de la fin du XIX^e^ siècle, l'intoxication par les arts et le théâtre, le goût démesuré des spectacles et de la musique se sont traduits par une véritable « indolence politique », avec les conséquences que l'on sait. Zweig ajoute cette remarque incroyable : c'est la « déification de la culture » en Allemagne qui a conduit l'intelligentsia à sous-estimer l'importance de Hitler : « On ne pouvait concevoir qu'un homme qui n'avait même pas achevé ses études primaires et qui, à plus forte raison, n'avait pas fréquenté l'université, qui avait couché dans des asiles de nuit et, pendant des années, gagné sa vie par des moyens demeurés obscurs, pût jamais approcher une place qu'avaient occupée des barons von Stein, des Bismarck, des princes Bulow. Rien que l'orgueil de leur culture n'a autant aveuglé les intellectuels allemands en les engageant à ne voir en Hitler que l'agitateur des brasseries qui ne pouvait jamais devenir sérieusement dangereux [1]... »

1. Dans *Le Monde d'hier,* Belfond, p. 420. Raymond Aron nous rapporte un autre témoignage de cet aveuglement dans un extrait traduit de la *Philosophische Autobiographie* de Karl Jaspers. Rapportant ses dernières conversations avec Heidegger, en mars 1933, après l'accession au pouvoir de Hitler, Jaspers, qui est hostile au national-socialisme, lui demande : « Comment un homme aussi inculte que Hitler peut-il gouverner l'Allemagne ? » Heidegger lui répond : « La culture n'a aucune importance, regardez les mains merveilleuses qu'il a ! » (conférence prononcée à l'université de Bâle en 1983 en l'honneur de Karl Jaspers, in revue *Commentaire,* Julliard, 1985, vol. 8, n° 28-29 sur « Raymond Aron. Histoire et politique. Textes et témoignages »).

Alors faut-il abandonner la culture, jeter cette vieille escroquerie au rebut ? Évidement non. Oui à la culture si elle est éveil à l'ironie, y compris à l'ironie sur soi, si elle ouvre à l'esprit critique, au sens de l'étonnement et de l'émerveillement. Non si elle constitue une nouvelle orthodoxie, un autre piteux rapiéçage pour sortir de la crise, une religion dégradée, une manière de couper court au doute, une terre promise à qui l'on refuse d'être une « terre compromise » (V. Jankélévitch)[1].

Telle est l'ambivalence de notre situation : *nous avons perdu les illusions des Lumières sans renoncer pour autant à leur idéal, celui d'une plénitude dans tous les domaines.* Notre méfiance est double : envers la démagogie du laxisme scolaire ou médiatique et envers la bonne conscience de la culture vis-à-vis d'elle-même. La figure de « l'homme éclairé » reste bien préférable aux caricatures qu'on voudrait maintenant lui substituer; mais nous ne pouvons plus lui accorder la confiance aveugle que lui donnaient Voltaire ou Condorcet. Même si le livre, le poème, le tableau maintiennent vivante la flamme de la pensée, on n'abat pas une tyrannie avec des bibliothèques, pas plus qu'on ne jugule la méchanceté avec l'apprentissage du violon ou du piano ! L'illettrisme ne mène nullement à la barbarie mais à cette vulgarité, à cet abêtissement collectif dont la civilisation américaine, dans ses pires aspects, donne parfois l'exemple. Soutenons la culture tout en sachant qu'elle ne suffit pas et peut échouer, nous laisser en proie à nos démons intérieurs. Quel simplisme finalement que d'exalter sa grandeur si l'on oublie son infirmité !

Culture et politique forment bien le tissu conjonctif des hommes en société, ce qu'ils ont en partage et qui les arrache à leur isolement. Si elles supposent toutes deux un espace

1. On nous dit que la culture nous initie à l'humour, à l'impertinence. Mais aucun discours n'est plus humoristique que le discours publicitaire (et sur ce point Lipovetsky a raison), alors qu'à l'inverse les bigots de la culture avec un grand C en sont parfois tellement dépourvus qu'ils nous font douter de leurs thèses.

public où apparaître (Hannah Arendt[1]), elles ne coïncident jamais et ne le doivent pas sous peine de s'annuler réciproquement. Il est tentant bien sûr de privilégier la sphère spirituelle sur la sphère étatique, de préférer l'extase musicale ou picturale à la cacophonie des débats parlementaires ; le désintéressement de la jouissance esthétique à l'utilitarisme grossier des chefs de parti ; la constance de la beauté au caractère volatil des actes de gouvernement ; le raffinement de la vie mentale aux pénibles problèmes du chômage, des salaires, de la pauvreté ; enfin, argument suprême, l'Europe des arts et des lettres existe déjà, alors que l'Europe politique reste à construire. Chaque fois qu'une idéologie a voulu se subordonner la culture, comme dans les États totalitaires, elle l'a rabaissée en basse propagande. Chaque fois que la culture a oublié la politique au nom de l'éternité de l'art, elle s'est condamnée à la voir revenir à une place démesurée et dominante. On ne fait donc que la moitié du chemin en réhabilitant la vie de l'esprit, en oubliant que les affaires de la cité ne se règlent pas selon les seules normes esthétiques. (Et combien, en entendant le mot « Europe », dégainent leur culture pour préserver leur souveraineté nationale, crispés sur leur trésor linguistique et folklorique comme Harpagon sur sa cassette ?)

Ne voir, par exemple, la particularité de l'Occident que dans sa culture, c'est énoncer soit une tautologie (la particularité de la Chine, c'est la culture chinoise), soit une contre-vérité : on gomme d'un trait de plume le passé guerrier, scientifique, technique de notre continent. Dans nos sociétés strictement liées à la fatalité économique, la culture tend à devenir une nouvelle croyance, le « soupir de la créature opprimée » qui réclame son supplément d'âme après avoir

1. « D'une façon générale, la culture indique que le domaine public, rendu politiquement sûr par des hommes d'action, offre son espace de déploiement à ces choses dont l'essence est d'apparaître et d'être belles » (*La Crise de la culture, op. cit.*, p. 279).

manipulé tant de chiffres et de statistiques. Nourritures intellectuelles d'un côté, matérielles de l'autre, ennemies peut-être mais soudées par la manière dont elles consacrent la démission politique. Oublierait-on par hasard que l'universalité au Nord tient pour l'instant à sa richesse financière, sa puissance technologique et militaire et nullement à l'éclat sans pareil de ses idées et de ses œuvres ? Oublierait-on que, ce qui a fait reculer l'URSS depuis dix ans, ce n'est pas l'ironie et le scepticisme, mais d'une part le fanatisme armé des Afghans, de l'autre le courage des dissidents, des Églises, des syndicats clandestins en Europe orientale ? L'extraordinaire maturité des révolutions tchèque et polonaise en 1989 vient sans nul doute du haut niveau d'éducation de leurs élites. Mais, pour que cette maturité s'exerce, il a fallu d'abord vaincre la peur, le servage mental, avoir l'audace de réclamer sa liberté. Il a fallu des hommes hors du commun dont la noblesse, la stature morale s'est imposée à tous, tels Havel en Tchécoslovaquie, Walesa, Kuron et Michnik en Pologne, Sakharov en URSS.

De ce point de vue, il n'est aucune différence entre le Disneyland américain et le Disneyland européen qui se drape dans ses instituts, ses académies, ses musées pour fuir les contraintes du temps. Autant une société qui mépriserait les humanités et les beaux-arts serait proche de l'imbécillité, autant une société qui n'attendrait que d'eux la résolution de ses problèmes serait proche de l'impuissance. Prenons garde qu'un jour les Européens, à force de tout réduire à des questions littéraires, ne deviennent des peuples d'amateurs brillants et légers, autrement dit une nouvelle race d'esclaves éclairés !

CHAPITRE V

# Les déraisons de l'esprit critique

> Avec une certaine régularité, les langues contractent des épidémies qui infectent pendant des années le vocabulaire, la prosodie, la syntaxe, voire la logique. Parfois la maladie se transmet à toute la société ; d'autres fois elle n'atteint que des groupes isolés [...] On connaît bien les remèdes à ces maux : le rire, le sens commun et finalement l'hygiène mentale.
>
> Octavio Paz

> Le peuple ne sait pas qu'il est malheureux : nous le lui apprendrons.
>
> Lassalle

Le 15 juin 1968, un professeur de la faculté de médecine de Paris écrit au journal *Le Monde* pour dire son indignation : ancien commandant de fusiliers marins pendant la guerre, il s'est rendu le 6 juin, date anniversaire du débarquement en Normandie, aux cérémonies de commémoration à l'Arc de triomphe. Ayant déployé avec d'autres camarades leurs drapeaux frappés d'une croix de Lorraine, il eut la surprise de se faire traiter de fasciste et de salaud par une centaine de jeunes qui manifestaient au même moment sur les Champs-Élysées : « Je voudrais faire remarquer timidement, précise-t-il, que si ces jeunes gens peuvent aujourd'hui se conduire comme ils le font, c'est peut-être parce que d'autres, leurs aînés, ont payé fort cher ce droit pour eux. S'entendre traiter de fasciste quand on a, comme moi, souffert dans son âme et dans sa chair cinq ans de guerre contre le nazisme et le fascisme est une chose qu'on accepte mal surtout le jour où l'on célèbre l'anniversaire de la Libération[1]. »

S'il est un terme qui fait une carrière fulgurante depuis cinquante ans au point d'être constamment mésusé et vidé de son sens, c'est bien celui de « fascisme » (et de ses synonymes approximatifs, avec lesquels on le confond abusivement). La liberté des héros de Malraux et de Camus était « fasciste » selon les intellectuels communistes des années 50, le gaullisme marquait le retour du fascisme selon la gauche en 1958, les CRS étaient des SS selon le slogan bien connu, la démocratie française une simple variante de la peste brune selon un célèbre numéro des *Temps modernes* de 1971, même le langage était fasciste, à en croire Roland Barthes dans son discours de réception au Collège de France !

Le fascisme était alors tout ce qui contrariait le caprice immédiat des individus, toute espèce d'autorité, d'observance, d'obligation. On croyait être sorti de cette méchante rhétorique après l'apaisement du climat politique en Europe. Il faut constater qu'il n'en est rien, au contraire : *on dirait que les vertus froides de la démocratie appellent l'usage incandescent des mots.* On dirait que la disparition du marxisme comme principe d'explication générale des sociétés, loin de freiner cette tendance, la renforce en éliminant le dernier garde-fou, le dernier cran qui la limitait. Son effacement nous prive en effet d'un atout essentiel : un point de vue critique sur le monde. S'il n'y a plus d'extériorité à la démocratie ni dans l'avenir (les lendemains qui chantent) ni dans l'espace (le paradis révolutionnaire), nous manquons désespérément d'un appui, d'une distance pour nous voir et nous amender. Et de cette perte nous sommes inconsolables : c'est pourquoi là où

1. Professeur Guy Vourc'h, *Le Monde,* « Dossiers et documents », n° 155, 1988 (sur Mai 68).

le marxisme abandonne du terrain s'engouffrent les idéologies de remplacement, les religions et les extrémismes à nouveau dopés, tous candidats à la succession. Si l'on ne peut plus condamner cet univers au nom d'un autre, la tentation est grande de le maudire en bloc : la rage critique prolifère sur la mort de l'idée de dépassement.

Les années 60-70 eurent ceci de vivifiant qu'on y mit en pièces avec un appétit sans égal les tabous et les raideurs de la vieille société bourgeoise avant de corriger ensuite les mythologies issues de ce chambardement. La fureur iconoclaste s'y déploya avec un zèle joyeux et même le dynamitage de nos propres utopies (gauchisme, libération sexuelle) ressembla encore à une fête ; ce furent, condensées sur une courte durée, nos petites Lumières à nous, un merveilleux moment d'émancipation, la plus belle aventure de notre génération. Beaucoup ne se consolent pas de cette période bénie et regrettent d'avoir si bien réussi ; beaucoup, notamment chez les intellectuels, déplorent cela même qu'ils opposaient à l'époque aux turbulences révolutionnaires : la démobilisation générale, le repli sur la sphère privée, comprenant que ce détachement peut aussi les engloutir, les rendre superflus. Comme si l'arme de leur triomphe s'était retournée en instrument de leur défaite.

Entendons-nous bien : il n'est pas question de renoncer à la critique. L'honneur de l'Occident fut même de toujours penser contre soi, de loger en son cœur un ennemi qui le contestait. Mais, lorsque la critique devient ivre d'elle-même, elle franchit un seuil au-delà duquel elle cesse d'être opérante, s'annule à force d'outrance et ne se distingue plus alors du pire conformisme. Que cette aberration touche particulièrement certaines franges de l'intelligentsia n'est pas pour étonner : tel Socrate qui se comparait à un taon posé sur le col d'Athéna pour l'empêcher de demeurer en repos [1], l'intellec-

1. Cité par Nietzsche, *Humain, trop humain,* Gallimard, « Folio », tome I, p. 308.

**L'hystérie et la vaccination**

Périodiquement, nos sociétés individualistes se souviennent d'avoir été collectives et qu'il a fallu dire « nous » pendant des siècles pour dire « moi » aujourd'hui. A travers des bouffées de fraternité à l'antique (manifestations, mouvements sociaux) ou des simulations de l'état de siège (« Exposition de l'horrible » contre la pornographie en 1987, affaire du tchador en 1989), elles se ressoudent contre la dispersion et font du drame de façon réflexe comme d'autres font du cholestérol ou de la tension.

On peut rire et l'on doit rire de ce tragique de carton-pâte voué tout entier à la répétition. Mais il forme peut-être aussi le meilleur moyen de nous immuniser contre un mal plus grand : le calme absolu. En nous injectant, tel un vaccin, un peu de fièvre et d'hystérie, nous prévenons deux maux solidaires : l'anesthésie et l'amnésie (dans nos pays médiatisés, il n'est pas de mémoire collective au-delà de quinze jours). Tels des petits soldats en manœuvre, nous feignons une crise mortelle afin de rester en alerte. S'infliger de façon parodique des rappels d'Histoire, rejouer Mai 68 ou les Journées de 36, c'est d'abord freiner la rouille qui nous guette.

tuel est un perturbateur qui met le réel en crise et débusque des problèmes là où les choses semblent aller de soi. Mais cette belle entreprise risque toujours de dégénérer en besoin compulsif de ferrailler, de chercher un os à ronger pour la polémique. L'admirable passion de tout remettre en cause devient alors une hostilité sans objet, une aversion absolue : le messianisme mutilé resurgit négativement dans le défaitisme qui voue l'univers à l'abîme, au malheur.

En quoi consiste donc ce dérèglement ? *A parler le langage de la guerre en temps de paix,* c'est-à-dire en une montée systématique aux extrêmes. A propos de tout phénomène, on choisira donc le terme émotionnellement le plus fort puisque l'essentiel n'est plus de comprendre le monde mais de le juger, et moins encore de le juger que de le condamner. Dans ces conditions, il n'est pas surprenant que les vocables les plus fréquents pour désigner nos sociétés soient ceux qui qualifient une oppression maximale : « goulag », « génocide », « barbarie », etc. Tout se passe donc comme si, désespérant de ne pouvoir attaquer la démocratie que dans le langage de la démocratie, nombre de penseurs se réfugiaient, faute de mieux, dans la répudiation de leur temps et l'intempérance verbale.

### Tout penser dans la perspective du pire (Luther)

Ainsi, et pour n'examiner que l'actualité de ces dernières années, n'est-on guère étonné par les propos d'extrémistes notoires dont le travail est bien de pervertir l'usage des mots. Lorsqu'un Le Pen s'exclame : « J'accuse nos adversaires d'être complices d'un véritable génocide politique, car prendre à un peuple son identité, c'est lui prendre une grande partie de son âme » (25 janvier 1989) et que les gens de son mouvement comparent l'immigration musulmane en France aux troupes d'occupation allemandes pendant la guerre ; ou encore lorsque le journal communiste *L'Humanité,* du 5 janvier 1990, annonce que nous vivons, en France, « sous un régime de terreur », un « totalitarisme soft » exercé bien sûr par le Parti socialiste, et que le président communiste du conseil général de la Seine-Saint-Denis accuse Michel Rocard d'être un « nouveau Ceausescu » soupçonné de vouloir massivement « déporter » les populations de la Seine-Saint-Denis [1].

On saisit mal en revanche que certains Hollandais, priés par leur gouvernement de décliner leur identité au moyen d'un

1. Citations extraites d'un article de Jean-François Kahn dans *L'Événement du jeudi,* 1er mars 1990.

passeport ou d'un permis à la demande d'un représentant de l'ordre, crient à l'État policier, au rétablissement du *Personalausweis* instauré par l'armée nazie (alors qu'ils ne se sont pas formalisés des titres de séjour imposés aux immigrés). On comprend moins également qu'un député communiste suédois s'écrie, à propos du rattachement éventuel de son pays à la CEE : « L'indépendance de la Suède est aussi menacée que lorsque Hitler sévissait à travers l'Europe[1]. » On s'étonne pareillement que le bon M. Méhaignerie traite Alain Juppé de « stalinien » (avril 1989) : comparer le tyran responsable de la mort de millions de personnes avec les pratiques plus ou moins autoritaires d'un cadre du RPR, est-ce bien raisonnable ? Encore toutes ces déclarations ont-elles l'excuse d'intervenir à chaud.

Le malaise augmente cependant lorsqu'un ancien membre de la Haute Autorité de l'audiovisuel, Gilbert Comte, écrit à propos des médias : « Invasion publicitaire, combinaisons commerciales déguisées en jeux de toute espèce corrompent, attaquent le peuple dans son âme, comme en d'autres temps les troupes étrangères submergeaient le pays. Si l'antinazisme se vend bien dans la société des spectacles, le courage des premiers résistants ne s'incarne certes pas parmi les bateleurs, truqueurs, sauteurs, danseurs ou jongleurs à la mode. Il se ramasse une fois de plus autour de quelques hommes capables d'évaluer les nouveaux périls[2]. » Toujours à propos des médias, n'y a-t-il pas quelque abus à évoquer, comme Noam Chomsky, « un quadrillage électronique de l'information et de la culture plus dangereux pour la liberté que la propagande hitlérienne » ou à établir, comme le fait Régis Debray, une corrélation étroite entre « la surveillance policière » dans les pays de l'Est (d'avant Gorbatchev) et « la gigantesque panoplie symbolique des pays capitalistes[3] » ? De la même

1. Jorn Svenson cité par Françoise Nieto, *Le Monde,* 21 décembre 1988.
2. *Le Monde,* 7 décembre 1988.
3. Citations données par Pierre Boncenne, *Lire,* décembre 1987.

manière, lorsque le romancier tchèque Milan Kundera parle « des collaborateurs de la modernité » à propos de ceux qui encensent les médias ou la publicité [1], ne confond-il pas un phénomène multiple, ambivalent, insaisissable (la modernité) avec la réalité d'une occupation qui fut violente et atroce? N'oscille-t-on pas entre l'odieux et le ridicule lorsqu'un philosophe, désireux de souligner le gouffre où sombre le monde moderne, écrit que l'homme d'aujourd'hui « est tout entier tourné vers son intérieur psychique, d'où le succès de la psychanalyse et des psychothérapies de tout acabit, formes ludiques du génocide », ou quand le même auteur, évoquant le goulag et notre misère morale en Occident, constate : « Mais, quant au fond, ce qui vaut pour la vie concentrationnaire vaut, au confort physique près, pour la vie quotidienne hors des camps [2] » ? Le professeur américain Allan Bloom ne force-t-il pas le trait lorsque, fustigeant le rock, « courant boueux dans lequel ne peuvent nager que des monstres », il affirme, à propos des clips : « Un coup d'œil aux images vidéo qui sont projetées sur les murs de la caverne de Platon depuis que Walt Disney en a repris l'administration suffit à en fournir la preuve. L'effigie séduisante de Hitler, dans un contexte excitant, revient assez souvent pour qu'on s'y arrête. Rien de noble, de sublime, de profond, de délicat, de savoureux ou même de décent ne peut trouver sa place dans un tel tableau » ? De même, lorsque l'excellente revue *Le Messager européen* regroupe sous la rubrique « Archives de la barbarie [3] » les faits suivants : la manifestation de dizaines de

1. « [...] le mot " collaboration " a conquis pendant la guerre contre le nazisme un sens nouveau : être volontairement au service d'un pouvoir immonde. Notion fondamentale ! Comment l'humanité a-t-elle pu s'en passer jusqu'en 1944 ? Le mot une fois trouvé, on se rend compte de plus en plus que l'activité de l'homme a le caractère d'une collaboration. Tous ceux qui exaltent le vacarme mass-médiatique, le sourire imbécile de la publicité, l'oubli de la nature, l'indiscrétion élevée au rang de vertu, il faut les appeler " collabos de la modernité " » (*L'Art du roman*, Gallimard, p. 154-155).

2. Pierre Trotignon, *Le Cœur de la raison*, Fayard, 1986.

3. Éditée par POL, 1987, nº 1. Cette rubrique sera abandonnée dans les numéros suivants.

milliers de jeunes en décembre 1984 pour le maintien de la radio libre NRJ menacée de fermeture par le gouvernement, une soirée au stade vélodrome de Marseille avec Bernard Tapie, la naissance de la « clip-culture » avec Gonzague Saint-Bris, un plaidoyer en faveur du musée d'Orsay par Yves Mourousi, ne retombe-t-elle pas dans ce qu'elle dénonce avec raison : la confusion des valeurs ? Si la barbarie c'est le jeune qui écoute du rock sur son baladeur ou la mégalomanie d'un chef d'entreprise, quel nom donner aux tortionnaires du monde entier, aux bourreaux, aux bouchers qui font profession d'avilir, de briser, de tuer l'homme ?

De la même façon, les références continuelles à « Munich » pour des broutilles, l'usage d'expressions comme « barbarie douce », « fascisme mou » sont irrecevables : si la barbarie est douce, c'est qu'elle n'est pas barbare et qu'on l'assimile, par paresse d'esprit, avec un autre phénomène. Comment s'étonner, quand tant de grands esprits pratiquent l'amalgame, que celui-ci prolifère sous des formes multiples : lorsqu'un chanteur de variétés, poursuivi pour fraude par le service des Impôts, compare les méthodes du fisc français avec celles de la Gestapo ; lorsqu'un Jacques Séguéla s'écrie : « Toucher à la pub, c'est toucher à la liberté de communiquer : on en arrive au nazisme » ; lorsqu'un animateur de radio, emporté par son indignation, compare les incendies de forêts de l'été 1989 dans le Midi au génocide hitlérien ; lorsque des journalistes rapprochent le brouillage provisoire de France-Musique et de France-Culture par les radios libres sur la bande FM en 1987 du brouillage de Radio-Londres pendant la dernière guerre ; lorsque le président des jeunes giscardiens traite en août 1989 de « Pol Pot de notre français » le coauteur d'un pamphlet sur la réforme de l'orthographe ; lorsque des groupes de militants antivivisectionnistes qualifient les laboratoires qui pratiquent l'expérimentation sur les animaux de « camps d'extermination » ; lorsque des amis des bêtes dénoncent, dans toute tentative de loi qui obligerait les propriétaires à ramasser les déjections de leurs chiens sur les trottoirs de nos villes, une mesure digne du Troisième Reich, etc.

## Les pathologies de la paix

Pourquoi, à propos de peccadilles, cette invocation des grandes scènes primitives de notre histoire, ce besoin de rejouer en farce ce que nos pères ont vécu en tragédie ? Il existe incontestablement un problème des médias, de la publicité, de la consommation, mais un problème qui s'énonce moins en termes de périls que de perplexité et dont la nocivité, s'il y en a une, n'a l'évidence ni d'un coup de matraque sur la tête ni d'un attentat terroriste. On peut soutenir comme Alain de Benoist : « Je préférerais encore être sous le joug de l'Armée rouge que d'avoir à manger des hamburgers. » On peut aussi tenter de raisonner en termes moins élémentaires. Notre monde protéiforme et sans alternative nous écrase sous son prosaïsme ; il peut nous agacer, nous irriter, nous indigner en tel ou tel de ses aspects, il n'est donné à personne, sans mauvaise foi, de le haïr en totalité. Parce qu'il est trouble, trop injuste pour nous enchanter, assez équitable pour nous convenir, il déçoit les amateurs d'oppositions radicales. (Nous avons le droit également d'être insatisfaits du mercantilisme ambiant. Mais le discours contre le triomphe des valeurs marchandes est un discours de riches. Donnez-moi l'abondance et je me plaindrai ensuite de son empire.) L'époque est peut-être bête, ignare, vulgaire, elle est tout de même infiniment plus clémente que les siècles passés. Quiconque a goûté aux charmes des grandes villes d'Europe, de Barcelone à Amsterdam, de Prague à Paris, quiconque connaît la douceur de vivre en France ou en Italie ne peut ajouter foi à ces tableaux calamiteux. Et si ce bien-être, cet allégement de la peine pour le grand nombre, est au prix de l'idiotie générale, alors n'hésitons pas un instant : vive l'idiotie !

En d'autres termes, il est impossible d'assigner une cause unique à nos malheurs ; nous ne faisons que les déplacer sans les résoudre, et tout progrès dans un domaine se marque par une régression ailleurs. Beaucoup ne se résignent pas à cet état de fait : pour punir le réel d'être un mélange ambigu, ni atroce ni sublime, ils le mettent à l'amende. Telle Rosa Luxemburg s'étonnant que chaque matin les gens ne se lèvent pas pour prendre les armes ou se suicider, ils entendent bien nous signifier que nous sommes en danger de mort, que notre ordinaire est terreur. Si le mal n'est plus un virus isolable, il semble qu'il diffuse partout, que son visage soit légion : cumulant l'invisibilité et l'ubiquité, c'est un esprit souterrain qui rôde et conspire incessamment à saper nos plus belles conquêtes. D'où l'obligation de dramatiser le *statu quo,* d'où cette maladie de l'esprit qui consiste à décrire l'Europe de cette fin de siècle dans les termes qui auraient convenu aux années 30 ou 40.

### Des cataclysmes à bon marché

Une double malédiction frappe les sociétés libérales : les mots s'y perdent comme les fleuves dans la mer, peu suivis d'effets et immédiatement submergés par d'autres. Le vieux rêve d'une littérature engagée où chaque phrase aurait le poids d'une bombe traduit peut-être moins une volonté d'intervention qu'une peur secrète : que les livres, les articles, les manifestes se volatilisent à peine émis. Les médias à leur tour amplifient cette hémorragie ; ils donnent à chaque fait une répercussion souvent disproportionnée à son importance ; au risque de les niveler tous en confondant l'accessoire et l'essentiel. Ils réussissent ce tour de force d'épuiser les sujets sans les traiter et de nous laisser croire que nous les connaissons pour les avoir juste effleurés. Bref, ils nous engourdissent autant qu'ils nous mobilisent : dénoncés, commentés, répétés, les problèmes nous lassent avant même d'avoir disparu. Et le recours à la force de frappe verbale a pour objet de freiner *cette dilution continue des mots et des choses dans l'insignifiance*[1].

De cette malédiction, les intellectuels comme les artistes sont les plus avertis car ils ont à redouter aujourd'hui moins la persécution que l'indifférence, moins la censure que l'anonymat. En cessant d'être subversive, car elle ne menace aucun pouvoir et aucun pouvoir ne la menace, la culture en Occident a peut-être aussi cessé de faire l'Histoire (de là qu'on nous la montre attaquée de toutes parts pour lui rendre son lustre d'objet précaire). Ce qu'avait de fascinant la perestroïka, du moins à ses débuts, c'est que les peintres, les sculpteurs, les poètes, les romanciers s'y trouvaient en prise directe sur leur temps, que l'écriture, la lecture d'un livre ou d'un poème y étaient des actes immédiatement politiques, qu'on s'y arrachait journaux, essais, revues, lesquels faisaient l'événement autant que celui-ci les inspirait.

En gagnant la sécurité et le droit à la libre impression et circulation de leurs œuvres, écrivains et artistes ont aussi perdu une source d'influence. Peut-on concevoir un Sade sans

1. C'est presque devenu un réflexe que chaque groupe ethnique, social, religieux, victime de mauvais traitements se dise soumis à un génocide, et ce pour accéder à l'existence médiatique, intéresser le monde à son sort : la presse et le gouvernement roumain en ont usé et abusé de façon scandaleuse au lendemain de la chute des Ceausescu. La surenchère n'est plus l'exception, elle est la règle : l'affreux prestige dont ce terme semble paré fait qu'on se bouscule pour le revendiquer, comme s'il s'agissait d'entrer dans un club très fermé. Le jour où chaque peuple pourra exciper de son certificat de génocide en bonne et due forme, le mot lui-même aura beaucoup perdu de son sens. Et nous ne serons peut-être même plus capables de repérer le véritable crime contre l'humanité lorsqu'il arrivera.

la prison, un Baudelaire sans l'opprobre publique, un Soljenitsyne sans les camps ? Terrible paradoxe : si la répression broie les romanciers ou les poètes, elle leur donne aussi une force inouïe, la moindre de leurs critiques peut mettre en danger les puissances établies ; il est donc des cas, extrêmement rares, où la littérature peut avoir l'efficacité d'une arme, où la vie d'une nation peut se confondre avec celle d'un livre. Mais notre liberté, elle, est un cadeau empoisonné qui déresponsabilise les créateurs, désormais autorisés à publier et à écrire ce qu'ils veulent. Si tout est permis, plus rien n'a d'importance ; ceux dont le seul royaume est celui des mots peuvent réveiller les passions publiques à n'importe quel prix, proférer toutes les insanités, ils ne seront ni punis ni inquiétés. Et ils n'ont même plus la ressource d'être maudits, ce qui serait une autre manière de garder un ascendant.

C'est pourquoi l'affaire Rushdie nous scandalise autant qu'elle nous étonne : un seul homme à travers un seul roman a pu soulever de telles tempêtes, provoquer des troubles sur toute la surface du globe ? Qui ne rêverait d'un tel pouvoir ? (Au point que certains aspireraient perversement au retour des interdits si cela rendait à leurs plumes un peu d'acuité.) Le « droit de tout oser » que revendiquait Gauguin au début du siècle est devenu le lot commun : tout le monde a la parole et personne ne sait qu'en faire. C'est bien par crainte de n'être plus écoutés, de disparaître dans cette banalisation que certains clercs multiplient les anathèmes, manient l'hyperbole comme d'autres le bâton. Et, de même que les révolutionnaires français, pour diffamer leurs ennemis, les comparaient aux grands criminels de l'Antiquité, nous invoquons, nous, les grands monstres de la dernière guerre.

Telle est peut-être la raison essentielle de ces divagations. Parce que notre intelligence est toujours en retard sur l'Histoire, laquelle ne nous devient claire qu'*a posteriori*, la forme de nos débats est nostalgique. Et nous n'en finissons pas, aujourd'hui encore, d'être hantés par les deux abominations de ce siècle : le nazisme et le stalinisme. Au sens strict du terme, ils ne passent pas. Nous réveillons ces grands événements traumatiques pour mieux les maîtriser et de préférence sur des situations dérisoires. Nous les revoyons partout par un souci de correction rétrospectif. Tout ce qui dans le présent nous inquiète ou nous échappe est ainsi lu à la lumière d'un passé effrayant et rangé sous la catégorie de la répétition. Baptiser de « fasciste » ou de « barbare » un concert de rock ou le système médiatique, *c'est donc rester en terrain connu,* c'est quêter à la fois la netteté du bien et du mal et l'intensité d'un moment décisif dont l'enjeu nous concernait tous.

De là peut-être ce véritable désir de fascisme qui apparaît chez quelques-uns : non pas évidemment le désir d'un régime à poigne en France, mais celui d'une époque forte où les rôles étaient tranchés, où il sera possible de jouer au résistant (sans les risques de la vraie Résistance), d'être juste à bon compte. A poser ainsi à l'histrion, au bouffon de charniers anciens, nous faisons en quelque sorte coup double : nous annonçons l'horreur mais en la soustrayant à la vérification. Ce fascisme seconde manière sera volatil, disséminé et pour ainsi dire impalpable, il n'aura jamais l'évidence d'une dictature. Et surtout nous adoptons la posture de la victime, mais sans souffrir de sévices réels. Puisque la barbarie chez nous n'est plus dans les usines, les prisons, les prétoires (voire !), nous la mettons partout, dans la musique, les affaires, le sport et demain, pourquoi pas, dans les pots de yaourt ou les aliments pour chiens !

Nous, les persécutés de l'abondance, réclamons aussi la palme du martyre et dilatons nos minuscules tracas au niveau de l'univers. Les déportés, les suppliciés, les affamés, les torturés n'ont qu'à bien se tenir : silence les mauviettes ! En ouvrant mon poste de télévision, en arpentant un supermarché, je risque autant que vous, sinon pis ! Du matin au soir, mon existence est un goulag permanent.

**Petits travers d'époque**

Médire médiatiquement des médias : les vilipender sur les ondes et le petit écran, vomir à la télévision la société du spectacle, jouer sur tous les tableaux, être dedans et dehors, cumuler les avantages du rebelle et du gagnant.

Variante : se tenir à l'écart du monde mais le laisser savoir, faire parler de soi en gardant un silence éloquent, être une absence qui pèse.

Le syndrome Voltaire-Zola-Sartre : à propos de toute circonstance, quêter le schématisme des affaires Calas ou Dreyfus, lancer chaque matin un nouveau manifeste des 121. Non pas s'engager sur une juste cause, mais chercher une cause, n'importe laquelle, pour s'engager. Craindre avant tout de rater l'Histoire, vouloir égaler les grands ancêtres, si possible sans risques.

Variante : l'intellectuel mouche du coche. Se jeter sur la moindre péripétie pour placer son point de vue, dire son mot sur tout, du « Top 50 » au bulletin météo. Courir derrière l'actualité, être moins la conscience morale de son temps que sa conscience verbeuse. Et n'affirmer chaque fois qu'une même chose : Je suis là, je suis là !

Étrange situation à vrai dire que celle de nos sociétés assoupies : moins il se passe de choses, plus les soupçons se multiplient, plus nous devenons sensibles au thème de la crise, caressons les catastrophes [1], importons des sujets de discorde, épousons les querelles des peuples étrangers ou ranimons celles d'autrefois. La quiétude nous irrite autant que le changement nous alarme. D'où l'abaissement terrible de nos défenses puisque le moindre élément de désordre est ressenti comme une menace mortelle : trois foulards islamiques dans une école française comme à Creil en octobre 1989 et déjà

1. Toute la théorie contemporaine est traversée d'une « catastrophilie » ambiante qui flirte généreusement avec l'idée du fléau et de l'abîme : comme si le pire n'était pas le plus sûr mais le plus facile à concevoir, la pente naturelle de l'esprit.

nous nous croyons perdus, proclamons la République en danger (bel exemple, par parenthèse, d'une querelle qui, jaillie de rien, s'est épuisée dans son propre néant).

A l'avalanche de propos lénifiants et codés des discours officiels (les droits de l'homme, le consensus, etc.) font pendant l'invective, l'excès rhétorique, et les deux vont ensemble comme les indices d'une même situation : notre Europe engourdie languit après le romantisme des damnés de la terre, la légende noire de ses pires années (même si elle n'aspire à les revivre que par procuration). Singulier renversement : auparavant, nous nous défendions contre un certain nombre de périls ; maintenant, nous allons les chercher pour rester mobilisés. Nous superposons sans cesse l'extrême agitation avec l'extrême léthargie. C'est notre passion de la sécurité qui nous pousse à traquer partout les signes de l'abjection. Il y a bien une volupté paradoxale dans ces rites : en faisant passer sur notre modernité trop sage le frisson de l'Apocalypse, nous demeurons peinards dans la logique de la guerre tout en jouissant du confort de la paix. Jouer à se faire peur : tel est notre sport favori.

## Pathos et fatalisme

La beauté du XVIIIe siècle fut de détruire avec éclat un ordre devenu odieux et d'en tirer une énergie sans pareil, de manifester jusqu'au génie l'ivresse du négatif. Mais l'ère des Lumières a engendré ses propres perversions. L'esprit d'examen a recréé un esprit d'autorité, a donné lieu à de nouveaux dogmes aussi péremptoires que les anciennes scolastiques. Un fanatisme du doute s'est substitué au fanatisme de la foi, plus imperméable à la contestation car né lui-même d'une contestation. En s'autodéifiant, la vigilance des Modernes a recréé un gisement de nouveaux préjugés : tout a été soumis à la critique, sauf la critique elle-même.

Il faut bien sûr faire le deuil de la clairvoyance absolue. Le langage nous apprend à penser, à essayer toutes sortes de phrases et d'hypothèses dans une approximation incessante. (Il nous permet également, avec une folle prodigalité, de décimer nos ennemis par les mots. Tuer verbalement épargne beaucoup de vies.) Il est donc inséparable de la bêtise, laquelle n'est pas une éclipse momentanée mais une infirmité structurelle de l'esprit contraint de s'orienter dans l'obscurité, d'émettre des suppositions qui seront démenties. Si la finitude est condition de la connaissance (Kant), elle en marque aussi les limites.

Mais cette fragilité ne nous autorise pas à dire et écrire n'importe quoi ; il devrait être possible d'évoquer des phénomènes graves, des situations même dramatiques sans recourir à l'artillerie lourde de l'antifascisme. Il devrait être possible de ne pas convertir nos agacements en scandales métaphysiques, de ne pas procéder par généralisation abusive en inférant d'un détail à l'ensemble, de ne pas céder à cette terrible tentation d'épingler le monde d'une phrase, même s'il s'agit d'une grossière simplification. On gâche ainsi des termes qui ont un sens précis et on dévoie, par le ridicule, des combats, peut-être mineurs mais justifiés. (Il est au fond deux manières de rater le nouveau : ou le condamner à l'avance ou l'encenser *a priori.* Dans les deux cas, on pêche par systématisme.)

Faut-il s'indigner de voir des broutilles élevées au rang d'ignominies ? Il est préférable d'en rire d'abord, comme on pouvait rire des « vipères lubriques », des « hyènes dactylographes » du stalinisme : car on est bien ici dans l'ordre du sottisier. Ces falsifications pourtant ne sont pas innocentes ; on ne corrompt pas impunément le langage sans ébranler le pouvoir de la raison de penser le monde. Ces vaticinations brouillent la perception, dénaturent le sens des mots et propagent d'autant plus l'imposture qu'elles se présentent comme la pointe extrême de la lucidité.

Il y a bien finalement connivence entre l'imprécation et la passivité : la préférence donnée au pathétique sur la sobriété se distingue mal du renoncement. A quoi bon agir si nous avons déjà sombré dans le gouffre ? A quoi bon peser, discriminer, classer, puisque d'avance nous discernons sous le moindre geste ou formule la fourberie du fascisme ? Le Moyen Age, nous dit Voltaire, excommuniait les sauterelles et les insectes nuisibles aux moissons. Nos procureurs d'opérette qui pilonnent des cibles minuscules au canon et trouvent les accents de Saint-Just ou de Trotski pour fustiger un clip ou un spot publicitaire sont-ils moins infantiles ? Confort du délire critique : en figeant le présent dans son essence d'infamie, il renoue avec le langage antique de la malédiction. Puisqu'on ne veut plus changer le monde, vouons-le aux gémonies. Les consciences sont moins réveillées qu'anesthésiées : tel le fakir qui escamote sa corde, on escamote le réel en l'exécrant.

On peut sympathiser avec la grogne de nos Spartiates, leur consentir que la démocratie mérite bien son anagramme de médiocratie. Il faut admettre cependant que lorsque les motifs de colère s'appellent Madonna, le rock'n'roll ou les jeux télévisés, cela porte un nom : la frivolité drapée dans les oripeaux du sérieux. Telle est finalement la dérision de ces déchaînements : ils sont eux-mêmes le meilleur symptôme de ce qu'ils dénoncent. Et la futilité congédiée revient au galop, ronge comme un acide les indignations les plus tonitruantes.

Il est donc impératif de bannir à jamais de notre vocabulaire les mots « génocide », « goulag », « barbarie », hormis pour les réalités très précises qu'ils désignent : il y a assez de vrai fascisme sur terre, assez de candidats virtuels à l'ignoble pour ne pas en rajouter. (S'il en était encore besoin, les pogroms d'Azerbaïdjan contre les Arméniens en 1990 devraient nous apprendre à faire la différence entre le Mal et nos petits malheurs et à ne pas oublier qu'il y a des degrés dans l'horreur comme dans la misère.) Le désir louable de sortir nos contemporains de leur « grand sommeil » ne saurait déboucher sur la complaisance au désastre, soit la pire des démagogies. Tous ceux qui excitent la peur en vain doivent savoir qu'ils portent une responsabilité particulière dans les conséquences de cette peur.

C'est par la parole que l'homme devient libre et s'humanise, c'est par elle aussi qu'il peut s'égarer, succomber à la griserie des mots. Si elle est action lorsqu'elle tombe juste comme le croyaient les Grecs, elle est aussi fiction, et le mélange de ces deux registres impose aux écrivains, lorsqu'ils désertent le domaine romanesque, une discipline particulièrement stricte [1]. Les harangues farouches, les grands vocables stupéfiants qui écrasent, imposent silence, ne sont rien d'autre que ceci : de la mauvaise littérature. La pondération, le sens des nuances, l'ironie sur soi devraient constituer les trois viatiques de toute réflexion.

Nous n'aurions donc quitté les errances tiers-mondistes que pour retomber quelques années plus tard dans une autre forme de délectation pour l'accablement ? Il sera difficile en tout cas à ceux qui veulent *militariser la pensée* de nous faire prendre des clips vidéo et des spots publicitaires pour l'équivalent d'une séance de torture ou d'une exécution sans jugement. Ou alors, c'est à désespérer de l'avenir et de la philosophie.

1. Déjà Tocqueville avait stigmatisé ces hommes de lettres français qui transportent dans la politique toutes les habitudes de l'art. Dans son excellent ouvrage sur Sartre et Aron, Étienne Barilier a bien montré comment le recours au langage littéraire dans une démarche qui se voulait philosophique a permis à Sartre d'imposer à ses lecteurs des aberrations politiques (*Les Petits Camarades*, Julliard/L'Age d'Homme, 1987, p. 127).

TROISIÈME PARTIE

# *Le poison de la fatigue*

Le XX^e siècle n'aurait-il servi à rien ? Non seulement les archaïsmes nationaux et tribaux refleurissent comme au XIX^e, mais les inégalités demeurent et se renforcent, en dépit d'une abondance quasi fabuleuse. Les centres des grandes villes d'Europe et d'Amérique, traversés de sans-logis et de mendiants, évoquent à nouveau ce qu'étaient Londres, Paris ou New York pour nos aïeux. Comme si nous demeurions rivés aux fictions d'un Dickens, d'un Hugo ou d'un Zola ; comme si nous n'arrivions pas à briser ce cercle vicieux qui veut que la misère reste lovée, tel un kyste, au sein de la profusion, paradoxe qui devrait plonger nos économistes dans la perplexité.

La ressemblance avec le siècle précédent n'est pourtant qu'apparente ; d'une part les déshérités ne disposent plus d'aucune théorie leur promettant à horizon de vie humaine des lendemains meilleurs (ce qui peut ou les abattre ou les enrager), d'autre part nous avons perdu l'élan qui lançait, il y a quelque cent cinquante ans, la plupart des nations européennes à l'assaut du globe. L'enthousiasme d'un Michelet revendiquant pour la France « le pontificat de la civilisation nouvelle », la certitude d'un Jules Ferry sur « la mission civilisatrice et éducative qui appartient à la race supérieure » s'apparentent pour nous à des propos d'illuminés. Notre fin de siècle n'est pas un retour au point de départ : elle n'apure aucun compte, n'efface aucune ardoise ; si elle répète le XIX^e, c'est sans l'espoir du XIXe. Les démocraties ont dissipé en courage ce qu'elles ont gagné en force et sécurité ; elles doutent d'elles-mêmes au moment où leurs principes prouvent leur bien-fondé dans l'ensemble du monde.

Ainsi peuvent se comprendre les batailles dérisoires engagées par les puissances occidentales durant ces dix dernières années (Malouines, Grenade, Liban, Libye, sans oublier le semi-fiasco de Panama), rodomontades de fiers-à-bras, derniers hoquets d'impérialismes essoufflés. Car nous savons maintenant qu'un certain nombre de problèmes ne trouveront pas de solution : que nous ne viendrons pas à bout de la faillite du système éducatif qui maintient dans la plupart des pays développés une fourchette de 10 à 20 % d'illettrés (après scolarisation)[1], que nous ne réglerons ni la question du chômage ou de la drogue ni celles, plus prosaïques, de la circulation automobile ou de l'entassement des déchets. Nous préviendrons les catastrophes, nous endiguerons le mal sans l'écarter, comme on maintient sous perfusion les agonisants. Résurrection paradoxale du fatalisme : l'homme parvient presque à dominer son patrimoine biologique, mais son pouvoir abdique devant un seul embouteillage, le week-end, aux portes des grandes cités ! Nos avancées se paient de reculs terrifiants, chaque conquête est un terrain perdu, chaque démonstration de force un aveu de faiblesse ; et toute libération libère d'abord une nouvelle servitude. Nos réussites ont pour effet étrange de souligner notre impuissance. Le XXe siècle nous aura au moins enseigné une chose : la résignation.

1. Selon les statistiques du ministère de la Défense en 1985, 24 % des jeunes appelés savent à peine lire et écrire.

CHAPITRE VI

# La ferveur et la fadeur

> J'ai perdu la force sacrée, vivifiante avec quoi je créais autour de moi des mondes.
>
> Goethe, *Werther*

## Le signe égal

Dans la plupart des aéroports internationaux se trouvent, relégués derrière les dutyfree, un oratoire catholique, un temple protestant, une synagogue, une petite mosquée, un lieu de culte bouddhiste. Situation exemplaire : devant ce geste qui se veut de pure justice – permettre au fidèle de chaque confession de venir se recueillir –, le voyageur a la révélation d'un effondrement. Par le simple fait d'être placées sur le même plan, les grandes religions sont à la fois honorées et dévaluées : cohabitant dans la multiplicité, elles cessent d'être uniques, forment comme autant d'absolus relativisés les uns par les autres.

C'est un même sentiment que nous inspire l'aggiornamento de l'Église catholique au concile de Vatican II (1962-1965). Depuis Pascal essayant de démontrer l'existence de Dieu dans le langage de l'incroyance jusqu'à Kierkegaard faisant du doute le moteur de la foi, nombre de penseurs, en voulant défendre le christianisme contre la raison, l'ont exposé malgré eux au règne de la défiance. Il faudra attendre plus de cent ans après la mort de Kierkegaard pour que le doute devienne presque la doctrine de l'Église. Étonnant retournement : en condamnant l'antijudaïsme officiel, en reconnaissant la validité d'autres approches du divin, le catholicisme cessait de prétendre à l'hégémonie.

Lorsque en 1965 Paul VI et le patriarche Athênagoras suppriment les anathèmes que les orthodoxes et les romains se lançaient depuis le schisme d'Orient de 1054, lorsque ensuite Jean-Paul II embrasse le même patriarche Athênagoras, rencontre l'archevêque anglican de Canterbury (le schisme anglican date de 1534 et fut inspiré par Henry VIII), envoie une délégation à Moscou chez le patriarche Pimène, embrasse en 1985 Hassan II (qui a rang dans l'islam de commandeur des croyants), visite le grand rabbin de Rome en 1986 puis la même année à Assise, dans une grande cérémonie œcuménique, place au même niveau de respect toutes les religions, c'en est fini du sacro-saint principe selon lequel hors de l'Église point de salut. Mais s'agit-il encore de l'Église ? Qu'est-ce qu'une Église en effet qui admet que d'autres obédiences détiennent la vérité avec elle, sinon un Parlement ?

Alors peuvent se comprendre le désarroi et la colère des traditionalistes : en insérant l'esprit du pluralisme dans l'univers de la révélation, Vatican II a ébranlé un des bastions intangibles du catholicisme. L'Église est devenue une autorité morale parmi d'autres (en d'autres termes un parti, le parti de ceux qui croient aux Évangiles). Mais une confession libérale est-elle autre chose qu'une duperie démoralisante pour les fidèles ? Le Dieu irascible et jaloux de la Bible, des Évangiles ou du Coran supporte-t-il d'avoir des concurrents [1] ?

1. En réalité, cette reconnaissance de la pluralité des religions ne se fait pas sans retour ni remords ; en rappelant solennellement le substrat religieux inspirateur de l'éthique démocratique, en lançant sa campagne pour une ré-évangélisation de l'Europe, Rome prouve qu'elle ne s'est pas résignée à sa marginalisation. Mais l'Église se trouve prise dans une ambivalence : que le message évangélique soit à

La tolérance, en mettant le signe égal entre les croyances, les dépasse moins qu'elle ne les nivelle et pour finir les désarme. Nul besoin pour elle d'abattre des sanctuaires puisqu'elle leur permet de vivre côte à côte dans un espace neutralisé. Comment est-on sorti des guerres de religion ? En instaurant au-dessus d'elles une loi qui en organise la coexistence et passe infiniment l'expression particulière de chacune. « Cela ne me gêne pas, disait Thomas Jefferson, d'entendre mon voisin dire qu'il y a vingt dieux ou qu'il n'y en a aucun. » Détacher la puissance ecclésiastique de l'État, lui opposer des bornes strictes, assurer la liberté des cultes en les confinant au domaine privé, telle fut la sagesse des sociétés laïques.

Il y a donc chez nous un inconfort tragique du croyant : persuadé en son for intérieur de détenir la vérité, il doit accepter de la ravaler socialement au rang d'une opinion. Qu'il prie qui il veut, comme il le veut, à condition que cette prière n'ait aucune conséquence sociale. Il vit sa foi comme un absolu qui est moins désavoué ou réfuté qu'aplati, accepté avec d'autres. Qu'il ait placé son existence sous le signe du Talmud, des Évangiles ou du Coran, il est contraint de se réfugier dans la piété personnelle ou la chaleur utérine d'une communauté. Il y partagera avec d'autres hommes une même vénération pour un Dieu, maître et créateur de l'univers, mais qui n'a même pas le droit de quitter l'enceinte de la synagogue, de la cathédrale ou de la mosquée.

---

l'origine des notions d'égalité, de solidarité, de fraternité est exact. Mais je puis croire en ces valeurs sans croire en Dieu. Même si la vision judéo-chrétienne imprègne notre culture, je ne dois pas pour autant me convertir au christianisme pour adhérer à cette vision. C'est peut-être parce que le patrimoine spirituel de l'Église est réalisé que celle-ci a cessé de jouer un rôle majeur. Elle se contente aujourd'hui, de façon un peu pathétique, de réclamer sa part de l'héritage européen (tel un actionnaire réclamant sa part dans une entreprise). De là ces revirements étranges des grands dignitaires romains qui supplient ou trépignent et vont jusqu'à nous menacer des pires maux si nous oublions Dieu, les sources vives des Écritures. (Quand ils ne se réclament pas de la laïcité pour se faire respecter !) Mais l'Église en France est déjà une minorité et se conduit comme une minorité à travers un activisme brouillon, un goût des manifestations spectaculaires qui dénotent une réelle perte d'influence.

L'inquiétude religieuse (que la science, loin d'étouffer, ravive) persistera sous nos climats mais cantonnée à l'intimité. Dès lors que l'État est neutre et reconnaît la validité de toutes les confessions, aucune n'a plus titre exclusif à occuper ou informer l'espace public.

## Platitude et superstition

Née de l'horreur des persécutions religieuses, la tolérance n'est rien d'autre que la traduction pratique du désespoir : les hommes ne s'entendent qu'en émoussant leurs convictions pour entrer dans le moule commun du désenchantement. Comme il est difficile à un groupe d'avoir une relation privilégiée avec l'Absolu sans en faire profiter les autres, au besoin par la force, la tolérance demande à chacun de rentrer ses certitudes comme on lime les griffes et les dents des animaux pour les rendre inoffensives. Elle commence donc par écarter ou minimiser ce qui nous différencie et par insister sur ce qui nous rapproche. De même que les artifices parlementaires tolèrent l'expression de passions divergentes pour mieux les intégrer, elle accepte toutes les pratiques, tous les rites, à condition de les soumettre à la règle qui les désamorcera.

La paix civile mais aussi la liberté des consciences et donc la possibilité du travail scientifique et intellectuel sont à ce prix : pour qu'apparaisse « non la vérité quotidienne enchaînée à la tradition, mais une vérité qui vaut identiquement pour tous ceux que n'aveugle plus la tradition[1] », il faut couper les individus de leur appartenance, tarir la source des dogmes et des préjugés, oublier les mythes et les fables. On peut

1. Edmund Husserl, *La Crise de l'humanité européenne,* Aubier, 1977, traduction de Paul Ricœur, p. 49.

regretter que, dans cet arasement, les élans les plus sauvages, les cultures les plus raffinées ne soient détruits au profit d'une uniformité qui ferait de l'homme une espèce appauvrie, semblable sous toutes les latitudes. Mais la tolérance se soucie moins de noblesse que de sécurité ; elle réalise l'unité par le bas, par le plus petit dénominateur commun, et privilégie toujours la concorde sur les croyances, fussent-elles sublimes.

L'ironie un peu triste de cette aventure, c'est qu'en cherchant à refroidir le fleuve ardent de la foi (Nietzsche) pour la canaliser en mouvements moins impétueux, les temps modernes ont surtout libéré la superstition. Qu'avons-nous gardé en effet des grandes religions ? Moins leur dynamisme ou leur élan unificateur que leurs pires travers : la crédulité, la candeur, le goût de l'irrationnel poussé à des extrêmes. On ne saurait imaginer pire caricature des Lumières. Il y avait une audace de l'athéisme hier lorsque, affrontant les autorités établies, il entendait rendre à l'homme la maîtrise de son destin en le privant des secours d'en haut. Mais cette audace a été vidée de son sens.

A l'heure où la plupart des chefs d'État occidentaux s'entourent d'astrologues et de voyantes (on se souvient des confidences embarrassées de Nancy Reagan à ce sujet), où les grandes entreprises recrutent leurs candidats par les tarots, les méthodes de la morphopsychologie, de la graphologie ou de la numérologie ; où médiums, sorciers, nécromanciens, guérisseurs, rebouteux, exorcistes, liseurs de marc de café, adeptes du pendule se multiplient et font fortune, où les sectes pullulent dans le syncrétisme le plus incohérent, il devient difficile de retrouver le but que Kant assignait aux Lumières : sortir l'homme de son état de minorité, celle-ci étant « l'incapacité de se servir de son entendement sans être dirigé par un autre[1] ». Telle est la superstition : un compromis dans

1. E. Kant, *Œuvres philosophiques,* Gallimard, « Bibliothèque de la Pléiade », traduction de Heinz Wismann, tome II, p. 210 à 217.

### *La chute de l'empire automobile*

En 1962, la ville de Los Angeles célébrait dans la liesse la fermeture des dernières lignes de transport public : Sa Majesté la voiture régnait sans partage. Vingt-sept ans plus tard, la même agglomération, au bord de l'asphyxie, est en train de construire deux cents kilomètres de lignes de tramway et deux cents de métro. L'ère de l'automobile est entrée dans son déclin. Instrument de circulation, le véhicule privé s'est transformé tout doucement en pénitence collective : embouteillages monstres, air empoisonné, millions d'heures gaspillées, il a cessé d'être glorieux pour devenir le signe d'une paralysie générale. Et s'il fait encore l'objet d'un prestige social, c'est un prestige bien écorné qui ne permet pas d'échapper aux contraintes communes. La motorisation générale entraîne l'immobilité de tous, la voiture est la possession de chacun par les autres. La griserie de la vitesse débouche sur la coagulation des flux, la fameuse liberté du conducteur sur des interdits draconiens. Le dernier aristocrate dans une cité, c'est encore le piéton.

Une prérogative que la majorité partage s'appelle donc une calamité. Il est ainsi un certain nombre de biens (la nature, la mer, la montagne, le voyage, le logement) dont la vertu principale est d'être réservée à quelques-uns. Dispensés en série, ils ne sont pas seulement galvaudés mais détruits. Faut-il alors souscrire à cette définition de Roberto Calasso : « Démocratie : étendre à tous le privilège d'accéder à des choses qui n'existent plus » ?

l'effondrement réciproque de la raison et de la foi. Car la raison a peut-être sapé la croyance, mais elle a aussi sapé la croyance dans la raison.

L'homme moderne ne s'est donc affranchi des dieux que pour s'en remettre au destin qu'il essaie de capter par le calcul des astres, la magie, l'évaluation des forces obscures. L'esprit scientifique le plus aigu fait bon ménage avec le retour en force de ce que les religions entendaient juguler : l'animisme.

Et si ce dernier ne met pas en danger l'ordre social, il répand néanmoins les formes les plus dégradantes de l'idolâtrie.

La ferveur ou la fadeur : nous oscillons majoritairement entre les deux branches de cette alternative. L'abrutissement par le fanatisme ou l'abrutissement par l'incrédulité (à quoi répond la bêtise de l'anticlérical faisant alliance avec son ennemi de toujours, l'intégriste de choc). Aucune religion ne peut montrer ses beautés sans exhiber ses laideurs et ses crimes ; en sens inverse, le triomphe de l'impiété est misérable : au lieu d'être un accroissement de la liberté, il en est la contrefaçon, la chute dans l'infantilisme, dans l'abîme des mysticismes de bazar. De l'ancienne foi à la nouvelle religiosité diffuse, nous avons simplement sauté une étape : la lucidité. Dieu est bien mort en ce qu'il a perdu son pouvoir fédérateur ; il s'est réincarné partout dans un émiettement grotesque du sacré. Et demain, on le consultera peut-être sur Minitel, comme l'horoscope.

## L'ambiguïté du scepticisme

Un mouvement analogue se retrouve dans le combat mené en notre siècle contre les grandes idéologies séculières. Puisque les régimes totalitaires se servent des formes extérieures de la religion pour s'en travestir et susciter un type d'attachement quasi sacré, la personne du chef usurpant presque la place de Dieu, ils se fondent avant tout sur la confiance et l'ardeur des masses à leur égard. Ce type de gouvernement connaît deux sortes d'ennemis irréductibles : le tiède et l'incroyant, auxquels répondent le policier et le militant. L'un pourchasse les récalcitrants, l'autre infuse, à coups de défilés, de propagande, de discours, de l'unanimité dans le corps social. L'un fait régner l'ordre, l'autre assure la bonne gestion de l'enthousiasme. Castriste ou cambodgien, hitlérien ou stalinien, l'État totalitaire sacrifie à la double liturgie de l'inquisition et de la mobilisation : il ne connaît que des partisans et rejette toute dissidence dans la catégorie de la criminalité. Il n'est pas possible de s'opposer à lui sans devenir l'ennemi du genre humain (ou de l'humanité idéale à laquelle ce régime s'identifie).

A cette sacralisation de la doctrine élevée presque au rang d'une théologie, les penseurs démocratiques ont riposté par un éloge de la modération chargée de freiner les emballements de l'Histoire. Ce fut la grandeur d'un Karl Popper, d'un Isaiah Berlin, d'un Raymond Aron que de se poser en « démobilisateurs » face à une espérance révolutionnaire qui ne réclamait la liberté totale que pour répandre la terreur absolue. Mener à bien cette opération de « salubrité mentale » (Aron), c'était donc tempérer la fièvre messianique par le scepticisme, édulcorer les certitudes meurtrières. Hantée par des images de populace féroce et furieuse, notre modernité a conçu une telle aversion de la croyance qu'elle a érigé le soupçon en vertu cardinale. Il nous semble que l'humanité entière devrait manger de ce plat sous peine de périr. Déclinent ou agonisent les passions politiques si leur volonté de changer le monde débouche sur les charniers. Du XVIIIe siècle, nous n'avons gardé que la version critique de la tolérance, non son versant conquérant et passionné qui prétendait, comme chez Voltaire, repousser la déraison et offrir une nouvelle alliance de la foi et du libre esprit [1]. Nous préférons manifestement la paix sociale aux grandeurs de la conviction ; multiplier toujours et partout les raisons de douter, non les raisons de croire, tel est notre catéchisme.

1. Ernst Cassirer a bien démontré cette lutte pour « l'élargissement de l'idée de Dieu » chez Bayle, Diderot et Voltaire (*La Philosophie des Lumières,* Agora, 1966, p. 228-229).

Comment ne pas voir cependant que cette sagesse risque à terme de saper les fondements mêmes de l'action ? Comment rester encore des hommes agissants si la seule voie offerte est la voie négative, si notre énergie se borne à traquer partout la chimère et l'utopie ? Réduire la politique à n'être qu'un antidote qui nous prémunit de l'horreur ou économise la violence, c'est s'interdire de rien créer, rien imaginer par peur de retomber dans les égarements d'hier. Or il faut bien « remobiliser » les cœurs et les esprits autour d'un projet collectif pour faire tenir une société ensemble. Les citoyens attendent du régime parlementaire non une simple protection contre l'arbitraire mais des avantages positifs : un renforcement de leurs droits, une protection sociale accrue, une possible réalisation par chacun de sa pleine humanité. La vigilance antitotalitaire ne tient pas lieu de programme.

## Dans la grande nuit de l'équivalence

Il y a plus : si la démocratie est ce qui désarme la foi, comment avoir encore assez de foi en la démocratie pour la défendre et la propager ? Ne risque-t-elle pas de devenir ce qui subsiste quand on ne croit plus à rien : le credo paresseux des désenchantés ? Comment la sauver alors du pourrissement interne, des dérives démagogiques ? Il y a une contradiction en elle : vouloir l'étendre, c'est aller à l'encontre de son principe, le respect des opinions d'autrui (y compris de ceux qui veulent la détruire et se targuent de son indulgence pour imposer leurs vues).

Pourtant elle est forcée d'être militante, de se perpétuer en se renouvelant sous peine de s'effondrer : c'est sa fragilité même qui l'y oblige. Puisque pour elle rien n'est acquis, il lui faut se réinventer chaque jour, conquérir sur l'indécision

*Les pantoufles et la barricade*

Que nous promettent nos démocraties ? le bonheur, la richesse, la plénitude personnelle. En d'autres termes, l'impossible. Elles nous font miroiter des buts irréalisables qui alimentent et désamorcent constamment les convoitises. C'est pourquoi elles constituent le régime de la plainte par excellence, de la protestation que la créature élève contre son sort. Et le multipartisme est bien l'équivalent en régime parlementaire de l'hérésie en religion : un moyen de satisfaire les aspirations des mécontents. On devrait même créer dans nos pays un ministère de l'Insatisfaction qui dépêcherait partout de Grands Consolateurs chargés d'entendre nos griefs et particulièrement celui que chacun de nous se formule à voix basse : « Je mérite mieux. »

Parce qu'il vit d'idéaux disproportionnés entre ce qu'il est et ce qu'il peut, notre monde développe une demande insatiable qu'il contient pour mieux l'attiser. Plus il nous comble, plus il nous frustre, puisqu'il repousse sans cesse les limites du désirable. Ce qui est acquis n'est jamais assez. Cela, joint à l'envie qui naît de la compétition entre groupes et individus, la réussite spectaculaire des uns, la stagnation des autres, entraîne l'homme contem-

l'orgueilleuse certitude d'être supérieure aux autres formes de société. Et comme Pascal demandait à la raison de « loger son ennemi en elle-même », la démocratie doit, pour survivre, englober son contraire sans se laisser détruire par lui, coloniser à son profit des valeurs hostiles à son développement, la force, l'intransigeance, la passion, se mettre en route entre des périls qui, paradoxalement, la fortifient mais peuvent aussi la tuer. Guettée par deux maladies, le relativisme et la vulnérabilité, elle soutient un double mot d'ordre : *guerre à l'indifférence, guerre à l'intolérance.*

Mais ce grand dessein souffre aujourd'hui d'avoir été partiellement réalisé. Jusqu'alors, nous l'avons vu, le combat en faveur de la liberté était alimenté par un double affrontement : interne à nos sociétés entre plusieurs conceptions porain dans un cycle sans fin d'appétits et de déception. Au moins pouvions-nous jusqu'il y a peu reporter notre colère sur les boucs émissaires traditionnels : le capitalisme, le patronat, la bourgeoisie. Aujourd'hui ces recours sont abolis, il n'y a plus de réponse à la formule : « c'est la faute à ». Chacun est responsable de soi, atroce fardeau à porter. Aux espoirs démesurés qu'éveille notre système répond la rancune insatiable dont il est l'objet. Quand le malaise ne trouve pas de traduction politique, il se transforme en angoisse, en dépression. Mais parfois les doléances se conjuguent, une même parole fédère les récriminations, de nouveaux responsables sont désignés : cela donne une révolte.

Il ne faut donc nourrir aucun espoir d'une démocratie apaisée ou réconciliée ; elle suscite à chaque pas les désordres qui la déstabilisent. Elle sécrète la maladie qui peut l'affaiblir mais aussi l'antidote qui la renforce. C'est quand les choses vont mieux et laissent présager un bien supérieur qu'éclate la conjonction des impatiences, que pointe l'anarchie, que chacun exige plus. Nos sociétés sont à la fois molles et agitées, tiraillées entre l'atonie et l'insubordination. Leur turbulence est trompeuse mais leur calme ne l'est pas moins. Le citoyen balance toujours entre les pantoufles et la barricade.

rivales du bien, externe entre les pays despotiques et les nôtres. Or ces deux aliments s'estompent à peu près en même temps, laissant la démocratie démunie face à ses propres gains. Elle continue à gérer des conflits mais ne trouve plus d'obstacles à sa mesure, de résistance à vaincre pour donner cohérence à son mouvement. Car il est plus facile de braver un adversaire, même puissant que de réveiller les assoupis, que de galvaniser les incrédules. L'intolérance vaincue, c'est bien le désintérêt qui revient.

Habiles à mettre en crise confessions et idéologies, nos sociétés modernes ne parviennent pas à leur en substituer d'autres. Les progrès de l'incroyance religieuse accompagnent donc nécessairement ceux de l'incroyance politique. Et un même sort frappe les Églises et la vie publique : la désaffection, le désinvestissement de masse[1]. De quoi avons-nous peur face aux divers intégrismes ? Moins de leur vigueur prosélyte que de notre apathie, de la diminution de nos capacités de résistance. Autant le scepticisme peut être un contrepoids aux extrémismes, autant il rend les principes exsangues, les normes interchangeables. Tout se vaut alors, le régime parlementaire comme les systèmes qui l'attaquent. Le drame de la démocratie, c'est de défaire d'un côté ce qu'elle tisse de l'autre, de n'avancer qu'en se détruisant, de voir ses meilleures armes se retourner contre elle. La tolérance engendre l'indifférence, qui engendre l'indifférence à la tolérance, laquelle appelle en quelque sorte la résurrection des fanatismes, le besoin de s'enraciner dans une identité et une croyance à n'importe quel prix (avec ce risque qu'advienne une foi d'autant plus intraitable qu'elle s'élève sur la ruine de toutes les autres).

1. Contrairement à une légende tenace, il n'y a pas, en France du moins, retour du religieux sous sa forme classique mais multiplication des signes de la foi précisément parce qu'elle s'affaiblit. Les fidèles s'affichent aujourd'hui ; et nous confondons à tort le réveil de la croyance avec sa visibilité. La crise du catholicisme français est d'autant plus forte qu'elle est « silencieuse », qu'elle est « une disparition spontanée plutôt que l'effet d'une agression » (Emmanuel Todd, *La Nouvelle France,* Seuil, 1988, p. 238). L'assistance à la messe dominicale est descendue au-dessous de 10 % et le clergé a diminué de moitié (selon les chiffres donnés par Henri Tincq, *Le Monde,* 27 octobre 1989). En ce qui concerne la communauté juive, le regain de pratique constaté depuis le début des années 70 n'est lui-même pas univoque et traduit autant une quête d'identité qu'une aspiration religieuse. De façon plus générale, ce que nous appelons la résurgence de l'intégrisme n'est peut-être que le syndrome d'un déclin. Le réveil de l'islam, enregistré depuis une quinzaine d'années, est aussi le sursaut d'une foi déjà rongée par la modernité, déjà gangrenée par les idéologies séculières. Ce pourquoi le fondamentalisme se joue d'abord au niveau des apparences : à Beyrouth, certains groupes chiites payent cent dollars par mois de jeunes étudiantes pour qu'elles portent le voile à l'université. La religion qui « revient » n'est pas la religion originelle mais une religion humiliée, réactive et qui dissimule à peine une blessure mortelle. Les certitudes s'exaspèrent au moment où elles fléchissent et c'est alors qu'une confession montre son visage le plus hideux, le plus agressif.

## Liberté, liberté honnie

Car nous n'avons même plus le recours au sentiment national pour faire barrage à la vacuité. Si l'Europe des patries persiste plus que jamais, l'Europe des patries souveraines, laminées par une interdépendance économique et une harmonisation croissante des législations, est en train de s'effacer. La nation n'existe plus ; l'Europe politique n'cxiste pas encore ; nous sommes dans le malaise de cet entre-deux. Puisque être français n'a plus de sens que culturel et être européen qu'un sens marchand, nous vivons bien l'atrophie du sentiment d'appartenance à une collectivité (à l'exception de l'Allemagne à nouveau soucieuse et amoureuse d'elle-même et qui pourrait bien à son tour relancer les autres nationalismes par une sorte de contagion cancéreuse). Il est certes toujours possible de faire de la République une Église, de conférer à ses rites la solennité d'un culte, d'adosser le prosaïsme laïque à une métaphysique qui accentue l'adhésion de l'individu au corps social. Depuis la religion civile de Rousseau liant le respect des lois à un théisme modéré, en passant par le culte de l'Être suprême pendant la Révolution, jusqu'au catéchisme positiviste d'Auguste Comte, nombreuses ont été les tentatives d'ancrer la démocratie dans une sacralité, d'habiller de chair cette idole un peu désincarnée. En France, l'idée républicaine permit d'acclimater les valeurs pluralistes tout en articulant le patriotisme sur une mission universelle : guide des nations, la France allait délivrer le genre humain, quitte à faire le sacrifice suprême ; mais cette ambition magnifique donna aussi les guerres impérialistes, s'essouffla dans la boucherie de 1914, ne permit pas de résister à l'Allemand en 1939 et s'enlisa dans les douars d'Algérie à la fin des années 50. (Les fêtes du Bicentenaire de la Révolution en 1989 ressemblaient beaucoup à un adieu à l'Histoire de la part d'un pays qui en fut la vedette et se résout mal à son éclipse.)

Et l'on imagine mal aujourd'hui au nom de quelles fictions ressouder le pacte social et freiner cette aspiration vers le vide qui nous menace. En temps de paix, une démocratie parvient difficilement à cimenter l'unité sur le seul esprit critique. Privé de barrières contre quoi exercer son pouvoir dissolvant, l'esprit voit la critique revenir sur lui et instiller le poison mortel de la fatigue. C'est alors que la liberté fait peur, la liberté de se donner ses propres lois, de progresser seul dans l'inconnu. C'est alors qu'une société, redoutant la dissolution des mœurs et des identités, s'empresse de se tracer de nouvelles bornes, de se dicter des interdits.

L'oppression était encore une lame où s'aiguisait notre courage ; la violence qui nous écrasait pouvait aussi nous réveiller ; et les démocraties n'ont peut-être jamais été aussi fortes que sous le nazisme et le stalinisme, contraintes d'inventer des solutions inédites, de bander leurs énergies dans un sursaut de vitalité. La libération est une épopée exaltante ; mais la liberté un état angoissant que l'on conjure en édifiant des remparts contre le néant qu'elle révèle et appelle tout à la fois. C'est alors que le joug de la tyrannie semble parfois moins lourd à porter que le vertige de l'affranchissement.

Comment ne pas relier à cet égard deux dates exemplaires séparées l'une de l'autre presque jour pour jour par vingt ans : Woodstock, en août 1969, où une fraction de la jeunesse américaine, dans un superbe rassemblement musical, se soulève contre l'establishment, sa morale, son étroitesse ; et Saint-Jacques-de-Compostelle, en août 1989, où 500 000 jeunes pèlerins, venus de tous les coins d'Europe, acclament le pape pour dénoncer avec lui « l'hédonisme, le divorce, l'avortement, le contrôle des naissances, les moyens de contraception ». Nos sociétés supportent difficilement les franchises qu'elles se sont octroyées : l'excès de licence crée l'inquiétude qui ramène aux tabous. Étourdies par leur propre audace, elles réclament maintenant de l'autorité, des limites. Et comme la Restauration voulut effacer jusqu'au souvenir de la Révolution, les années 80 ont voulu digérer les décennies précédentes jusqu'à les dissoudre, les liquider[1].

Quel est en effet le « message » de la démocratie, une fois celle-ci stabilisée ? Le consumérisme et l'enrichissement général, avec pour conséquence des individus centrés sur eux-mêmes et faiblement concernés par le monde. L'inquiétude consécutive aux événements de l'Est l'a prouvé : *nos contemporains craignent moins l'esclavage que la misère et préfèrent l'ordre avec ses iniquités à la justice avec ses déséquilibres.* Jamais la contradiction, mille fois notée dans l'Histoire, et spécialement par Tocqueville, entre le goût du confort et celui de la liberté n'a été aussi cruciale qu'à notre époque. Dans la Grèce antique, les tyrans avaient l'ambition de transformer leurs citoyens en boutiquiers ; nous avons réussi l'exploit inverse : transformer nos hommes politiques en ménagères qui tiennent les cordons de la bourse de la maison France ou de la maison Allemagne.

Que resterait-il de notre civisme, de notre humanisme si demain, par malchance, une crise économique nous précipitait dans l'austérité et imposait la mise sous tutelle de régions entières de l'humanité, l'asservissement de leurs populations ?

A l'inverse, dans le communisme, est-ce la tyrannie ou l'échec économique que nous avons sanctionné ? Un régime marxiste qui joindrait une poigne de fer à une réelle efficacité ne rallierait-il pas tous les suffrages ?

C'est donc au moment où notre modèle est salué par tous

1. Saint-Jacques-de-Compostelle fut exemplaire car il exprima aussi les craintes d'une bonne partie de la société non croyante. Pour autant cela ne signifie pas qu'on en reviendra au point de départ : les adversaires de l'avortement, aux USA, ont été surpris de rencontrer une telle résistance dans une opinion publique qu'ils croyaient acquise à leur cause.

qu'il commence à nous effrayer ; comme si nous en percevions l'inanité et que, sous l'amas de nos marchandises, il n'y a rien, sinon un gouffre que nous comblons à coups de biens et d'objets. Lorsque nous doutions de nos institutions, savoir que d'autres les haïssaient nous les rendait soudain désirables ; ils leur accordaient au moins une existence dont nous n'étions plus sûrs. Mais leur allégeance à nos principes sape paradoxalement notre confiance et ranime le doute provisoirement écarté [1].

Le nihiliste, disait Nietzsche, n'est pas celui qui ne croit à rien mais celui qui ne croit pas à ce qui est. Et nous croyons désormais si peu à nos valeurs (au point de n'avoir même pas à cœur de les remettre en question) que nous ne cherchons plus à les transmettre en assurant la relève des générations. Comment peut-on parler de la vitalité ou de la renaissance de la démocratie dans nos pays quand les populations ne cessent de vieillir ? Nous avons perdu le sentiment d'une dette morale envers nos descendants puisque rien ne vaut la peine de donner la vie ou de nous projeter dans le futur [2]. Où est la « foi dans l'impossible » (Edgar Quinet) qu'avait fait naître la Révolution française ? Et comment soutenir sans rire cet autre mot d'ordre de l'époque : « assurer le salut du genre humain », quand nos gouvernements ne songent qu'à assurer les fins de mois ?

1. La meilleure preuve en est notre peur de l'Allemagne réunifiée : nous estimons que quarante-cinq années de régime représentatif décentralisé n'ont pu en extirper les virus militaristes, expansionnistes ou xénophobes.

2. La France compte deux fois plus d'animaux domestiques (35 millions), répartis dans 55 % des foyers, que d'enfants.

CHAPITRE VII

# La tentation du retrait

> Les Blancs ont la responsabilité d'avoir fait le monde et de l'avoir partiellement manqué.
>
> Cheikh Hamidou Kane

## Le paradis par comparaison

Heureusement qu'il nous reste le tiers monde ! A quoi nous sert-il aujourd'hui (symboliquement, j'entends) ? D'abord et avant tout à localiser très précisément la barbarie. Nous en faisons une maladie dont nous serions le remède, mais une maladie dont nous avons terriblement besoin pour nous sentir en bonne santé. Notre idéal est à ce point inaccessible qu'il nous est plus facile de nous revaloriser par comparaison, tel un homme qui se rassure en considérant plus malheureux que soi. Les abus, la misère de ces pays nous révulsent parce qu'ils nous rappellent ce que nous étions il y a peu ; dans certaines contrées du Sud, l'Occident revit le cauchemar de sa propre genèse. Il revit le mépris ou l'abaissement de l'individu derrière le groupe, le clan, la communauté, la confrérie ; il revit le cocktail de tous les fléaux qui ont ensanglanté la planète, fléaux idéologique, raciste, nationaliste et religieux qui s'additionnent parfois pour multiplier leurs effets pervers ; il revit l'horreur des passions collectives, la collusion détonante des masses et du fanatisme, des foules enragées clamant leur haine du monde à travers leur adoration d'un chef ; il revit la juxtaposition d'une rhétorique humanitaire et de pratiques cruelles ou archaïques ; il revit enfin la coexistence de moyens techniques illimités mis au service d'une mentalité féodale ou esclavagiste (comme si tous les ingrédients de la modernité étaient là, machines, usines, camions, ordinateurs, télécommunications, mais pareils à un décor derrière lequel rien n'a changé).

Bref, l'Occident supporte mal que ces peuples à qui il voudrait tant inculquer le sens de la concorde et de la paix lui renvoient ses cancers grossis et déformés (dans le Sud, l'Histoire se répète bien mais, contrairement à la formule de Marx, la répétition est aussi tragique que l'original). Notre méconnaissance des mouvements qui agitent les Africains, les Sud-Américains, les Asiatiques, marque aussi la distance qui nous sépare de notre propre passé ; parce que nous avons perdu la mémoire des étapes qui nous ont formés, nous gommons le fait que nous avons mis des siècles à nous assagir ; nous croyons acquises pour tous des choses qui ne le sont que pour nous et ne comprenons pas à quel point les nations tropicales peuvent être allergiques aux idéaux pluralistes (comme nous l'avons été nous-mêmes très récemment). Nous en venons à juger les autres d'après nous sans saisir que l'inégal développement du monde fait de chaque continent et même de chaque pays comme une humanité différente. « Ils en sont encore là ! » nous exclamons-nous devant des émeutes religieuses, des vendettas, des jacqueries, des pogroms dont les motifs nous paraissent disproportionnés avec leurs conséquences.

## La sagesse du cocu

Car nous n'aimons plus l'Histoire ; elle est un terrain miné dont nous sommes ressortis à grand-peine. Nous sommes aujourd'hui désespérément lucides, c'est-à-dire échaudés ; pour nous dédouaner des erreurs commises à propos du Vietnam, du Cambodge, de l'Iran, de Cuba, nous préférons décréter d'emblée toutes les batailles engagées dans le Sud comme nulles et non avenues. Avant même qu'elles n'éclatent, nous avons déjà trouvé mille raisons de nous en détourner. Finies les solidarités simplistes d'autrefois, nous avons la clairvoyance du cocu qui jure qu'on ne l'y prendra plus. (A cet égard, la thèse de Fukuyama sur la fin de l'Histoire a bien valeur de symptôme et trahit le désir secret des Occidentaux d'en finir avec ce domaine maléfique et de sortir du temps sur la pointe des pieds.)

Remarquable fut la manière dont les opinions publiques n'ont pas soutenu la lutte des Afghans contre l'occupation soviétique, dont elles se sont désintéressées du combat des Tibétains contre leur tuteur chinois, dont elles négligent aujourd'hui la guerre civile au Soudan, en Éthiopie, en Somalie, oublient les Palestiniens, les Kurdes, les Timorais et, en règle générale, toutes les minorités et communautés qui bataillent pour leur survie (l'Afrique du Sud formant la seule exception à cette règle). A qui décerner la palme de notre indifférence : au Sri Lanka qui se déchire dans d'atroces tueries, à l'Afrique subsaharienne qui s'enfonce lentement dans le désastre, au Bangladesh frappé par une infortune permanente, sans même parler du Liban où l'horreur tourne au radotage et défie toute compréhension ? Guérillas de droite ou de gauche, guérillas religieuses ou ethniques, toutes se valent par la manière dont elles nous laissent froids [1]. Plutôt que de soutenir d'obscurs roitelets ou chefs de bande, nous préférons garder les mains propres, quitte à ne plus avoir de mains. Les guerres des autres nous atteignent moins dans notre solidarité d'hommes que dans notre terreur de la contagion.

C'est pourquoi l'habitant des lointains n'est convoqué que sous deux espèces : le terroriste ou l'indigent. Il nous effraie ou nous apitoie : il nous concerne rarement. Et les médias, en nous offrant le catalogue quotidien de la détresse et de la boue de l'humanité, réalisent l'enfer chrétien et accélèrent notre répulsion envers nos semblables. Ne plus agir, ne rien prévoir, fuir la « fragilité des affaires humaines » (Hannah Arendt), telle est notre sagesse. L'engagement a pris pour nous la figure même de l'incertitude et nous érigeons notre surdité au monde extérieur en philosophie. Nous sommes donc passés maîtres dans l'art de n'être plus préoccupés par ce qui a lieu chez les autres. Pénible zone de turbulences où le dénuement, l'arbitraire et la folie composent un cocktail effrayant, le tiers monde nous inquiète sans pour autant nous toucher.

1. Pendant dix ans, nous n'avons su que trouver pour justifier nos réticences vis-à-vis du conflit afghan qui fit tout de même plus de 1 million de morts et 5 millions de réfugiés. Pour calmer nos scrupules, nous avons d'emblée accusé les résistants d'intégrisme et voulu lire Kaboul à travers la grille de Beyrouth et Téhéran. Dès les premiers jours de l'invasion, nous avons donné les Moudjahidins perdants ; nous avons ensuite salué leur courage tout en le déclarant vain. Lorsqu'ils eurent réussi enfin à chasser l'Armée rouge, nous les avons décrétés perdus pour la démocratie, voués à l'obscurantisme islamique ; aujourd'hui que la guerre se poursuit entre le gouvernement procommuniste de Kaboul et une résistance déchirée entre seigneurs de la guerre qui se massacrent et se livrent au trafic de l'héroïne, nous nous félicitons encore plus de notre passivité : comme nous avions raison de ne rien faire ! Mais les crimes et les incohérences actuelles des Moudjahidins ne rendent pas moins intolérable l'occupation soviétique de ces dernières années, de même que le régime totalitaire de Hanoi ne justifie en rien l'engagement américain au Vietnam hier, dont l'effet le plus remarquable fut curieusement de propager le communisme dans toute la péninsule indochinoise.

## La complaisance au mal

Caligula, nous dit Suétone, avait coutume de déplorer « la malchance de son époque parce qu'elle n'était marquée par aucune catastrophe publique [...] et il souhaitait à tout instant un massacre de ses armées, une famine, une peste, des incendies, un cataclysme quelconque [1] ». L'affreux appétit de malheur du tyran nous scandalise à juste titre. Pourtant notre réprobation attristée vis-à-vis du Sud est elle-même ambivalente : ces masses abruties de désespoir nous rendent notre existence plus chère. Et si la nausée nous saisit parfois devant notre confort ou l'étalage du luxe, le simple fait qu'ils manquent là-bas, de l'autre côté des mers, leur restitue un attrait sans pareil. Quelle est en définitive la justification de notre richesse ? C'est que d'autres en soient privés et l'envient ! Notre paradis septentrional n'aurait pas cette saveur s'il n'était un îlot submergé par l'affliction. Comment survivrions-nous sans ces mauvais sauvages dont l'ignominie réenchante notre quotidien ?

Et comme les nations occidentales ne fréquentent partout que leur propre reflet et s'ennuient dans un monde à leur image, elles épient avec une indignation suspecte les dictatures exotiques, les régimes de fer et de sang qui leur permettent de s'offrir en exemple. Notre liberté est fascinée par l'esclavage et se régale de la scélératesse des despotes : quelle source de poésie, d'imagination ! La hâte avec laquelle nous nous jetons sur les vilenies des autres pour les dénoncer ressemble beaucoup à la délectation des saints pour le péché. Avec quelle voracité nous en prenons connaissance ! Nous haïssons sincèrement les salauds, les racistes, les méchants :

1. *Vies des douze Césars*, Gallimard, « Folio ».

***Une réussite suicidaire***

Pourquoi aider le tiers monde ? Par souci moral ? Mais les grands sentiments ne sont pas sûrs. Par intérêt bien compris ? Mais les pays riches commerçant principalement entre eux pourraient laisser à la traîne des pans entiers des trois autres continents. Reste la prudence : du seul point de vue du bon sens, notre succès est suicidaire s'il laisse s'accumuler les disparités entre le Nord et le Sud. Une expansion démographique peut-être ralentie mais toujours explosive, près d'un milliard de pauvres absolus selon l'exercice 1989 de la Banque mondiale, 1 000 milliards de dettes, l'échec de presque toutes les solutions socialistes ou libérales de développement, la culture de la drogue proliférant sur des économies délabrées et enfin, *last but not least*, l'Afrique noire en état de perdition : au vu de ces quelques données, notre inaction ne confine-t-elle pas à l'aveuglement [1] ?

Comment éviter la montée des rancœurs, l'accélération des flux migratoires qui lanceront les déshérités en nombre croissant vers nos métropoles luxueuses ? Allons-nous transformer nos belles nations en bunkers, interdire aux miséreux l'accès de nos paradis enclos de barbelés ? Même si nous sommes passés maîtres dans l'art d'esquiver les catastrophes, nous serons pénalisés d'avoir réussi sans les autres. Et ceux-ci, pensant que nous avons réussi contre eux, ne croiront gagner à leur tour qu'en s'alliant contre nous.

1. Nous empruntons ces chiffres à un article très éclairant d'Éric Fottorino, « La cocaïne et le cannabis poussent sur les ruines du sous-développement », *Le Monde*, 6 octobre 1989.

mais qu'ils viennent à disparaître et nous sommes décontenancés, notre besoin de croisade est frustré.

Gageons que beaucoup regretteront bientôt les appels au meurtre de l'imam Khomeiny, les pitreries impériales d'un Bokassa ou d'un Ceausescu, les forfaitures d'un Kadhafi, la démence meurtrière d'un Sékou Touré, le cynisme d'un Assad ou d'un Sadam Hussein. Qu'ils sembleront heureux ces temps lointains où un Amin Dada allait chercher la reine d'Angleterre en vélo à l'aéroport de Kampala et se faisait porter en palanquin par des hommes d'affaires blancs, où un Noriega pouvait énoncer ses grands principes de gouvernement : « La bastonnade pour les indécis, du plomb pour les ennemis, de l'argent pour les amis. » C'est parce qu'ils sont respectables que nos chefs d'État sont si ternes, tout juste coupables ici ou là d'un gros mensonge, d'une infidélité conjugale. L'engeance des grands fauves n'a pas fini de rôder dans les coulisses de la démocratie !

De là notre bovarysme politique qui nous incite à la fois à condamner avec vigueur les infamies commises outre-mer et à espérer secrètement la survie de quelques calamités. De là aussi notre obscénité tranquille de nantis pour qui la souffrance, les révolutions des autres ne sont plus que spectacles inoffensifs et distrayants : déjà le Club Méditerranée a organisé en janvier 1990 une expédition de sept jours dans les sept capitales d'Europe orientale, Moscou inclus, pour permettre à quelques gentils membres de vivre l'Histoire en direct. A quand les safaris-famine, les orgies de voyeurisme, les voyages organisés sur les principaux fronts des guerres pour dire plus tard : « J'y étais ! » ?

Imaginez seulement cette vision d'épouvante : toute la planète abonnée au gaz et aux élections parlementaires, les armées démantelées, les riches distribuant leurs biens aux pauvres, les hommes traitant les femmes en égales, les assassins reconvertis en infirmières, Jésus, Moïse, Mahomet annulant la dette morale de l'humanité, le globe redevenu une annexe de l'Éden : sommes-nous mûrs pour cela ?

## La mélancolie du vainqueur

Mais le tiers monde remplit aussi une autre fonction. D'un côté, il constitue la terre d'asile d'idées déjà mortes en Europe qui retrouvent là-bas une seconde jeunesse (l'ultra-libéralisme, le marxisme-léninisme, etc.), un peu comme ces chanteurs démodés chez eux qui recommencent une carrière à l'étranger ; mais, de l'autre, il forme surtout une terre vierge pour reprendre d'anciens combats. La séduction du tiers mondisme ne peut s'expliquer que par la simplicité (apparente) des enjeux qui s'y déroulent : la révolte contre des situations d'injustice abominable telles qu'elles existaient chez nous dans les siècles passés. Ce manichéisme persistant nous rend évidemment nostalgiques : dans ces contrées se rejoue à l'état chimiquement pur le roman des origines, la lutte du maître contre l'esclave. Parce que nous sommes privés de causes claires et que cette source d'épopée est tarie chez nous, nous allons les chercher là-bas.

Notre tranquillité ne va pas sans un certain désenchantement : nous ne savons plus à quoi nous arracher, de quelle oppression nous émanciper. La chaleur des misérables nous fascine et, du haut de notre prospérité, nous rêvons de recréer cette fusion originelle propre aux temps de malheur. C'est donc bien la beauté de l'état naissant, la tension frémissante des commencements que nous allons quêter au-delà de nos frontières (y compris en Europe orientale). Ce qui nous a tant émus dans l'allégresse des Allemands de l'Est au moment de la chute du mur de Berlin (9 novembre 1989), c'est qu'ils accédaient à la liberté après une longue nuit de dictature, alors que pour nous les jeux sont faits. Nous leur envions cette candeur comme un vieil homme envie à un adolescent ses premiers émois amoureux. Pareillement, ce qui a rendu la perestroïka passionnante, c'est d'avoir été un acte fondateur et régénérateur, *d'avoir exalté l'âme de la démocratie en enfance,* comme les journées de 1789 chez nous. On y a vu et entendu un peuple entier secouer ses chaînes, juger ses anciens gouvernants, exhumer les archives du massacre, récuser l'idéologie officielle au nom d'une mémoire que soixante-dix années de tyrannie communiste n'ont pas réussi à étouffer. Elle a formé un de ces instants de grâce à travers lesquels une nation congédie le malheur et l'inertie pour reprendre son destin en main.

Mais notre lyrisme attendri, notre engouement pour cette poésie de la révolte nous empêchent aussi de saisir dans leur complexité les drames, les réussites ou les paris des nations tropicales (et surtout de voir les progrès réalisés ici ou là en dépit de difficultés surhumaines, comme en Inde, en Asie du Sud-Est ou au Mexique). Le problème de l'Europe, c'est son antécédence : elle paraît avoir tout inventé, la barbarie et son contraire, avoir tracé le chemin pour les siècles à venir. Pareil à un coureur qui aurait pris la tête du peloton et se retournerait, heureux d'être allé si vite mais incapable de communiquer avec ceux qui sont restés derrière. *La banalisation de la démocratie chez nous a pour contrepartie de banaliser les tentatives des autres hommes pour y parvenir* (surtout lorsqu'ils prétendent y retourner : tous les pays « retournent » à la démocratie, même s'ils ne l'ont jamais connue exactement, comme tout le monde « relit » les classiques, même si on ne les a jamais ouverts). Seuls nous intriguent, nous inquiètent les peuples qui nous menacent ou nous défient, les pays sages, méritants ou malheureux nous fatiguent (le Costa-Rica démocratique n'a jamais eu droit au dixième de la couverture médiatique de Cuba ou du Nicaragua).

En d'autres termes, moins nous nous soucions de changer et de réformer notre propre société, moins nous sommes prêts à nous ouvrir au monde : c'est une même énergie qui se dégrade ici et là. L'Histoire ne semble donc être que l'effort tumultueux des peuples étrangers pour nous rattraper ; ce après quoi ils courent, nous l'avons déjà, nous avons dépassé ce stade. Et nous ne voulons surtout pas voir qu'ils sont peut-être en train d'inventer d'autres formes de pluralisme. D'où cette juxtaposition indécente et peut-être fatale ; d'un côté, dans le Sud et à l'Est, des actes de dévouement et de courage exemplaires, des hommes et des femmes qui risquent leur vie pour aller voter (comme à Haïti en 1987), pour revendiquer leurs droits (comme en Algérie en 1988) ; de l'autre, notre condescendance de gavés de la terre, notre regard désabusé sur ces acteurs étrangers qui n'ont plus rien à nous apprendre. Comme si de toute éternité nous possédions ce qui nous vient du dehors !

### L'indignité de l'Occident

Le prosélytisme de l'Ouest est ambigu : dans le moment même où il proclame l'universalité de la démocratie, on dirait qu'il souhaite secrètement la garder pour lui comme un bien jalousement protégé des convoitises des nations pauvres. Nous avons toujours vécu sur la certitude tacite que notre liberté n'était précieuse que si d'autres peuples en étaient privés. Si le monde entier devient à notre image exactement comme le Dieu des chrétiens a fait l'homme à la sienne, nous entrons alors dans *l'ère du clone démocratique,* où l'accession de tous les États au même modèle de gouvernement a pour conséquence d'affadir chacun. Dans cette hypothèse, l'Europe et l'Amérique ne seraient elles-mêmes qu'un exemplaire de série reproductible à l'infini.

C'est bien cette terreur de l'uniformité qui nous incite à

nous battre pour l'extension mondiale du droit tout en espérant : pourvu que ça n'arrive pas ! Si les peuples du globe nous faisaient l'affront de s'émanciper simultanément, non contents d'avoir à les assister, nous serions dissous dans la ressemblance, dépossédés de notre titre de propriétaires de l'Universel. Derrière l'affirmation réitérée des grands principes, continue à sévir le préjugé impérialiste selon lequel certaines cultures seraient prédisposées au pluralisme et d'autres à l'arbitraire [1]. (Nous avons reconstitué avec les pays d'Europe orientale notre tiers monde blanc, nos bons sauvages roumains, tchèques ou baltes, dont nous feignons avec humilité d'avoir tout à apprendre pour ne pas les considérer comme nos égaux.)

Cela explique notre irritation lorsque les Chinois, les Pakistanais, les Argentins s'obstinent dans leurs coutumes, leurs divisions, leurs violences ; mais aussi notre déception dès qu'ils se mettent à adopter les uns après les autres nos mots d'ordre. Quoi, ces primitifs que nous avons sortis des ténèbres prétendent à nos Lumières ! Toutes ces peuplades qui font irruption dans nos chasses gardées, quel manque de tact ! Alors, une même suffisance soude l'Amérique et l'Europe face à leurs partenaires de l'Est et du Sud. D'où l'indulgence, pour ne pas dire la complaisance, de maints dirigeants occidentaux envers les dictatures de ces contrées : depuis Henry Kissinger chantant publiquement les louanges du Syrien Assad, jusqu'à la passivité abjecte des Américains et des Européens, laissant les Khmers rouges représenter le Cambodge à l'ONU depuis une dizaine d'années, sans même parler de l'indéfectible amitié des gouvernements français pour l'Irakien Saddam Hussein, le

1. Guy Hermet a bien montré comment le même préjugé persiste à l'intérieur du camp occidental de la part des nations anglo-saxonnes qui « se posent en parangons de la vertu démocratique » et regardent avec hauteur leurs consœurs latines, frivoles et turbulentes (*Le Peuple et la Démocratie*, Fayard, 1989, p. 247 *sq*.).

Zaïrois Mobutu et les divers potentats d'Afrique noire[1].

Les événements de Chine au printemps 1989 restent à ce titre exemplaires : si l'écrasement du mouvement démocratique par les troupes de Deng Xiaoping a indigné la communauté internationale, il en a aussi rassuré plus d'un : les Chinois restaient conformes à leur essence de peuple voué à la cruauté, à la sauvagerie. On comprend ainsi la timidité des réactions occidentales face au bain de sang. Les manifestants de Tiananmen avaient beau s'exclamer : « Nous avons du pain, nous voulons des lois », cela n'empêcha pas un Richard Nixon, dans une lettre adressée au président Bush après le massacre, d'adjurer le chef de l'exécutif américain de ne pas céder au « lobby des droits de l'homme » et de ne rien faire qui puisse vexer les dirigeants chinois ; cela n'empêcha pas le même président Bush de faire une cour éhontée à Pékin en envoyant secrètement des émissaires de haut niveau pour régler les contentieux entre les deux pays[2] ; cela n'empêcha pas l'Amérique vertueuse et l'Europe moralisatrice de lever très vite les sanctions et de reprendre l'aide aux entreprises

1. Durant les dix années qui ont suivi l'invasion vietnamienne au Cambodge, les Américains, en étroite convergence avec Pékin et Bangkok, et pour contrer l'influence soviétique dans la région, ont laissé la guérilla khmère rouge jouir d'appuis occultes, militaires et financiers, dans ses sanctuaires de la frontière thaïlandaise. L'Office des réfugiés de l'ONU a autorisé, au mépris de la législation en vigueur, les Khmers rouges à gérer eux-mêmes leurs camps sans aucun contrôle international. Selon la chaîne britannique ITV, le SAS britannique, soit les troupes d'élite de l'armée de l'air, auraient entraîné militairement une brigade sihanoukiste qui est passée en totalité sous contrôle des Khmers rouges. Au nom de la Realpolitik et avec la complicité de l'Occident, des milliers de Cambodgiens ont été assassinés, torturés, terrorisés par les hommes de Pol Pot et Khieu Samphan et ce bien après le génocide des années 1975-1979.

2. Selon Cable News Network, l'administration Bush, qui s'était pourtant engagée à ne pas négocier à haut niveau avec les responsables de la tuerie de Tiananmen, aurait pourtant envoyé, peu de semaines après, une mission secrète en Chine pour renouer les relations (cité par A. M. Rosenthal, *International Herald Tribune,* 27 décembre 1989). D'autre part, en décembre 1989, le président Bush opposait son veto à une proposition de loi du Congrès offrant de prolonger le visa de séjour des 40 000 étudiants chinois aux États-Unis afin de leur éviter la prison à leur retour chez eux. Il se proposait de les protéger lui-même, autrement dit, comme l'ont souligné maints commentateurs américains, de faire dépendre la durée de leur séjour sur le sol américain non de la loi mais de son bon vouloir.

commerçant avec la Chine ; cela n'empêcha pas un Alain Peyrefitte, principal propagandiste en France de la normalisation avec Pékin, d'expliquer doctement : « Tous les chefs de la Chine depuis des siècles [...] jusqu'à Deng ont été d'accord sur un point : cet immense empire ne saurait être maintenu que par un régime de fer » (*Le Monde,* 4 octobre 1989). En d'autres termes, à nous les affres de la liberté et du parlementarisme, à eux les délices du joug et de la contrainte. Il ne vient pas à l'idée de nos chers démocrates que de semblables raisonnements ont toujours été tenus en Occident pour justifier le maintien de populations sous tutelle, que l'Histoire est avant tout une « fatalité modifiable » (Ernst Cassirer) et qu'on ne peut inférer du poids du passé ni des habitudes ancestrales pour excuser les défauts du présent (surtout quand un peuple entier réclame le changement)[1].

Les Chinois, il est vrai, avaient une circonstance atténuante de taille : leur système économique s'était rapproché du nôtre. Et en vertu de l'indécrottable optimisme libéral qui voudrait que l'on puisse résoudre tous les problèmes par une quantité illimitée de biens matériels (ce qui, à l'évidence, ne détermine pas automatiquement le règne de la Raison, sinon l'Arabie Saoudite serait le modèle planétaire de la tolérance), ce début de capitalisme nous suffit : nous subodorons là un marché juteux pour l'avenir. La démocratie politique pour les autres est un luxe inutile.

Et, par ailleurs, combien de Noriega potentiels émargent actuellement au budget de nos services secrets, comme le général panaméen à celui de la CIA quand Bush en était le patron, alors que nous n'avons même plus l'excuse de la

1. « C'est ainsi qu'ils sont », récidive Alain Peyrefitte au journal de 13 heures de France Inter le 6 septembre 1989 à propos des exécutions en Chine. Il trouve par ailleurs de bonnes raisons aux dirigeants de Pékin d'avoir déclenché la répression. Bref, comme les vaches sont laitières, les Chinois sont sanguinaires : c'est dans leur nature et il est vain de vouloir résister à ce que l'on est.

*La contagion sud-africaine ?*

Un peuple en trop : c'est ainsi qu'Hannah Arendt, détournant une expression de Sartre, désignait le sentiment des nazis envers les Juifs et les Tziganes. Or tous les peuples aujourd'hui semblent de trop : migrants déracinés, réfugiés et minorités déplacées, populations transférées, les êtres humains ne cessent – dirait-on – de déborder les uns sur les autres. L'humanité surpeuplée – ou se croyant telle – réagit à sa prolifération par le dégoût de soi : l'homme est devenu une vermine pour l'homme. Incapables de nous évader d'un globe plein comme un œuf et contraints de vivre avec des semblables que nous n'avons pas choisis, nous nous voyons comme des passagers entassés dans un transport bondé et redoutant qu'une arrivée de voyageurs supplémentaires ne les prive de leur espace vital.

Cette allergie redouble une dévaluation insidieuse. Nous absorbons quotidiennement par voie de presse l'idée que l'homme est quantifiable. L'énormité des chiffres des victimes de guerre ou de calamités ne nous émeut plus : l'espèce humaine est une denrée si courante qu'on peut la dilapider sans dommage. La morale capitule devant le nombre. A mesure qu'on s'éloigne de sa tribu, la qualité humaine des individus se dissout dans

guerre froide [1] ? Dans notre soutien à des autocrates infâmes ou corrompus, il s'agit peut-être moins de cynisme, de rapacité ou de Realpolitik que d'une nécessité quasi structurelle. A l'évidence, l'Occident rechigne à propager la démocratie, il renâcle même à la voir s'étendre au-delà du petit cercle des nations bénies. A quoi s'alimenterait sa bonne conscience et même sa conscience s'il n'avait sous les yeux l'image de milliards de gueux piétinant dans la fange et la

1. Noriega s'est vanté lors d'un congrès en 1988 à Panama d'avoir contribué au financement de la campagne du candidat républicain. Il se serait même écrié : « Je tiens Bush par les couilles » (cité par Frederik Kempe, *The Noriega Files*, extraits donnés dans *Newsweek*, 15 janvier 1990). Souvenons-nous également de la boutade de Harry Truman sur le président du Nicaragua : « Somoza est un fils de pute, mais c'est notre fils de pute. »

l'uniformité de la termitière. Le prochain se confond avec le proche, 10 000 morts outre-mer ont moins de sens qu'un seul chez nous. Les médias renforcent cet effet pervers : censés représenter le monde, ils le remplacent et nous en détournent. Si bien qu'à l'ère des télécommunications et des satellites, nous en revenons à la situation des siècles passés : l'isolement moins la curiosité pour l'autre. Puisque nous le croyons connu, cela nous dispense d'aller vers lui. L'univers s'éloigne par le média qui l'apporte dans nos foyers, l'écran fait écran, tous les événements relatés s'équivalent. La planète redevient pleine d'inconnus et de bizarreries, une collection de villages qui s'ignorent et, comme les autres ne sont plus que des images, le doute sur leur réalité augmente.

Nous avons donc réalisé en le dénaturant le rêve des Lumières : les peuples se sont rapprochés non pour fraterniser mais pour se fuir. Ils communient tous dans une même phobie du mélange. Et l'Afrique du Sud qui démantèle une à une ses lois raciales pourrait bien n'avoir été que le laboratoire de l'avenir. Au moment où nos propres sociétés rejettent en marge leurs vieillards, leurs handicapés, leurs immigrés, leurs séropositifs, la formule de demain se résumera peut-être à ce mot d'ordre : l'apartheid plus les droits de l'homme.

brutalité ? Tous les hommes sont nos semblables, mais nous ne ferons rien pour qu'ils le deviennent, car nous sommes plus semblables que les autres.

Prodigues en nobles recommandations, nous sommes paralysés lorsqu'il s'agit de passer de l'universel des principes à l'universel concret de leur application. Dans son rapport présenté au nom du Comité du salut public du 7 mai 1794, Robespierre écrivait : « Le peuple français semble avoir devancé de deux mille ans le reste de l'espèce humaine ; on serait tenté même de le regarder au milieu d'elle comme une espèce différente[1]. » N'est-ce pas le préjugé qui anime une majorité d'Européens : que nous appartenons, à l'intérieur du

1. *Discours de Robespierre,* coll. « 10/18 », p. 248.

genre humain, à l'espèce qui a choisi la liberté et qui, l'ayant arrachée de haute lutte, est en quelque sorte élue pour elle ? C'est bien ce *sentiment d'une prédestination démocratique* qui explique la tendance des Occidentaux à enfermer les autres peuples dans le ghetto de leur particularité inviolable. (En quelque sorte, nous serions plus calvinistes que catholiques, nous réintroduisons la fatalité dans le système politique qui l'a pourtant le mieux écartée et nous vouons tacitement les autres à la damnation éternelle sans égard pour leur foi, leurs œuvres ou leur aspiration au pluralisme.) L'Europe et l'Amérique ne se remettront peut-être jamais d'avoir inventé la démocratie ; et le risque existe que nous enfermions cette dernière dans son lieu de naissance, quitte à en faire un sanctuaire de luxe qui laisserait les barbares s'entre-déchirer à ses frontières [1].

Rien ne prouve pour l'instant que nos valeurs aient une portée universelle ou que le système capitaliste tel que nous l'avons vécu soit viable pour toutes les nations sous toutes les latitudes. Fournir cette preuve reste probablement la tâche de l'avenir. D'autant que, pour le moment, ce n'est pas tant le droit qui triomphe que la marchandise et la technique. Tel le lépreux avec sa clochette, l'Occident s'annonce sur tous les continents par le jean et le Coca-Cola ; avec ce risque que les institutions libérales ne soient désirées que comme un talisman qui engendre la richesse, urnes et parlements constituant en quelque sorte la préface à l'abondance. Athènes, selon Périclès, devait être « une vivante leçon pour la Grèce ». Mais l'Occident ? Ambitionne-t-il autre chose que d'être une vitrine scintillante et interdite face à la rareté ?

1. La montée de la « nippophobie » en Europe et aux USA démontre que l'Occident ne veut partager avec personne ses talents mais garder le monopole de la production, de la vente, des circuits financiers. Ici éclate l'incroyable imposture de nos discours : élève modèle, le Japon est pour cette raison même dénoncé comme usurpateur.

## La fin du monde ?

Mais en adoptant cette attitude de confiscateurs du sens démocratique, en sapant le seul langage qui nous soit commun avec les autres, nous travaillons contre nos propres normes et nous condamnons à jouer un rôle de plus en plus restreint dans les affaires internationales. Cessant de croire à la perfectibilité pour tous, nous ne cherchons plus à l'atteindre pour nous-mêmes. Comment d'ailleurs attendre des citoyens, qui s'intéressent déjà si peu à leur propre société, qu'ils se sentent concernés par les épreuves des peuples lointains ? Un même schéma qui oppose chez nous une vaste classe moyenne, elle-même divisée, à tous les exclus se reproduit à l'échelle planétaire entre le club des gagnants et les perdants, rejetés à la périphérie.

Nous sommes tentés alors de faire le deuil des autres (nous souffrons leur présence mais nous n'avons rien à apprendre d'eux), de nous soustraire aux angoisses de l'action, de vivre sous le signe d'un refus du monde, bref de pratiquer une sorte d'autisme à l'échelle d'un continent. L'Amérique est peut-être en train de contaminer l'Europe de son pire travers : l'isolationnisme. La question n'est plus de savoir comment vivre ensemble mais comment se tolérer sans s'entre-tuer dans une promiscuité non consentie, les seuls liens entre les peuples étant de pure coercition, de dépendance négative (les réseaux de communication, les servitudes écologiques, les échanges économiques). Se suffire à soi-même, faire un aparté, se mettre en état d'hibernation : le monde n'est plus à découvrir, il n'est que l'ensemble des soucis qui m'arrivent par les autres. Il s'arrête désormais au quartier, au village, à la commune, à l'appartement, le local triomphe alors que l'univers redevient, grâce aux médias, une simple fiction. Une fois que les hommes ont supprimé tous les obstacles qui les séparaient, loin de se rapprocher, ils s'éloignent. (C'est le faux pari de la facilité : plus on facilite l'orthographe, plus la qualité de l'écriture décroît ; plus on facilite les relations entre les pays, moins les cultures sont curieuses les unes des autres.) La démocratie victorieuse cesse de nous rendre solidaires de notre temps, ce qui relie les nations est d'abord ce qui les isole[1].

## Le souci des autres

A ce bonheur de brute repue, fatiguée des carnages, il est possible de préférer une autre ambition : la constitution de l'humanité comme un résultat toujours à venir (au lieu de cette simple alliance de consommateurs dans un marché mondial qu'on nous propose aujourd'hui). Plus qu'un code de dignité morale, les droits de l'homme, comme l'a vu Péguy, sont d'abord une déclaration de guerre à l'oppression, à la folie, à l'esclavagisme. Avec à l'horizon l'unification du genre humain dans la réciprocité des consciences et des civilisations. La politique demande à chacun de nous de devenir potentiellement l'ambassadeur du genre humain, de vivre les drames des autres comme une tragédie personnelle, de faire du monde entier notre souci. C'est un idéal rarement réalisé et difficilement réalisable. Mais la politique a ceci d'exaltant ou de désespérant qu'elle nous rappelle sans cesse que nous sommes reliés, que nous ne faisons pas notre salut tout seul et qu'il incombe à notre volonté de subir le cours des choses ou de l'influencer.

1. Ainsi se vérifie l'intuition magistrale de Hannah Arendt selon laquelle l'éclipse de la transcendance et la perte de la foi en Occident, loin de développer une passion pour le monde profane, ont rejeté les hommes en eux-mêmes dans le culte de la vie privée, celle-ci devant s'entendre avant tout comme privation de vie.

*Si l'effondrement du communisme nous fait peur, c'est qu'il place sur les épaules de l'Europe et de l'Amérique un fardeau sans commune mesure qui redouble le devoir d'assistance au Sud par le devoir de solidarité avec l'Est.* Hier le tiers-mondisme, obsédé par la culpabilité de l'Occident, engendrait malgré lui la résignation ; à quoi bon agir si je baigne dans la faute pour toujours ? L'inculpation maximale pouvait coïncider avec l'insouciance absolue. A cette complaisance au péché, il faut opposer la responsabilité, laquelle implique une obligation de chaque homme envers tous et surtout la liberté égale des participants engagés dans une entreprise commune. Or, de par ses richesses et ses valeurs, l'Occident est en dette vis-à-vis du reste du monde. Nous ne pouvons sans indécence parler de réussite (ou même de fin de l'Histoire) quand la moitié du globe croupit dans la faim et la violence. Bien sûr l'adoption des formes démocratiques de gouvernement doit être une création, non une copie de la part des peuples du tiers monde. Et nous n'avons pas à nous substituer à eux ni à les forcer à être libres. Mais nous pouvons beaucoup pour consolider ces régimes chaque fois qu'ils en font la demande, pour desserrer le garrot de la dette, leur éviter la clochardisation, préparer un environnement international plus favorable, aider à la stabilisation de quelques droits partout où ceux-ci ont déjà germé.

Il est probable que les pays développés songeront d'abord à leurs intérêts avant de défendre l'émancipation des autres ; probable encore que maintes contrées du Sud, ayant reçu de l'Occident à la fois le despotisme et la délivrance, chercheront dans le pluralisme une occasion de revanche contre les anciens maîtres. Avons-nous songé qu'après avoir été marxistes et intégristes contre nous, c'est encore contre nous qu'ils pourraient devenir démocrates (et d'abord contre notre prétention à être les gardiens, les receleurs du génie démocratique) ? Et puisque l'amour de la patrie et l'amour de l'humanité entrent forcément en collision, il y aura toujours tension entre la visée planétaire de nos valeurs et leur inscription dans des États par essence prédateurs et hostiles à leurs voisins. Mais c'est un danger inhérent à notre idéal.

Nous n'avons peut-être pas eu depuis la dernière guerre autant de motifs d'espérer : nous vivons bien une époque charnière où presque toutes les barrières politiques, militaires ayant été levées, le champ des possibles paraît immense. La capacité de rendre cette planète un peu meilleure et plus rationnelle est à notre portée. Il est même permis de rêver à une gigantesque insurrection en faveur de la démocratie dans le Sud, à un plan d'action mondial concerté pour en finir avec la misère.

Mais cette occasion unique a aussi son terrible revers ; notre suprématie obtenue presque sans coup férir renforce notre tentation de baisser les bras et de dire : le travail est fait. Notre modèle ne trouvait sa cohérence qu'en s'affrontant à celui qui le niait. Or, quand toutes les forces tirent dans le même sens, elles s'annulent. Redoutons chez nous les effets déjà perceptibles de la *saturation démocratique.* Si elle devait se propager, on ne recenserait bientôt plus les déçus de la liberté à l'Est et au Sud. Les peuples, humiliés de s'être heurtés à des hommes d'affaires sceptiques, des politiciens évasifs, des opinions publiques blasées, apprendraient avec amertume qu'ils ne peuvent guère compter sur nous. Et comme ils ont rejeté hier le socialisme et la révolution, ils rejetteraient demain notre régime parlementaire comme la dernière des supercheries.

Encore une fois, il nous est loisible d'échapper aux obligations que nous impose notre prééminence, de laisser glisser des pans entiers des continents africains ou asiatiques hors du temps ; de nous contenter d'exporter des marchandises dans l'espoir que, par contagion, quelques idées libérales suivront ; de clamer notre amour des droits de l'homme pour échapper à tout devoir envers l'humanité. Il est même possible que l'Europe et l'Amérique, ayant donné le coup d'envoi, passent la main et tombent dans le provincialisme. Et l'accaparement de nos idées morales et culturelles par tous les peuples prépare peut-être notre déclin.

Il est à craindre que cette abdication ne nous soit fatale, que la fin de toute ambition planétaire ne marque aussi la fin de toute volonté de maîtriser notre sort. Il est à craindre qu'à vouloir préserver nos valeurs du grand air, nous ne préparions leur dessèchement chez nous. Alors, par un de ces revirements dont le passé fut coutumier, il se pourrait qu'un jour nos enfants et nos petits-enfants aillent réapprendre à Alger, Prague, Delhi ou Manille cette ferveur démocratique qui nous a désertés.

*Les temps de fer*

Que faut-il garder des Grecs ? L'idée d'une participation collective à la chose publique. Et des Lumières ? L'esprit critique plus l'enthousiasme pour l'avenir. Mais comment trouver l'impulsion capable de réexhumer ces « traditions cachées », alors que nos sociétés n'aspirent qu'à jouir de leur bien-être ? Les pieux appels à la volonté, à la reprise, au redressement sont éminemment respectables. Mais demander aux citoyens en période de paix de se préparer pour les périodes de crise, c'est exiger l'impossible.

Notre indolence serait parfaite dans un monde réconcilié, sans déséquilibres. Pour que tout reste en état, il faudrait donc que l'Histoire s'arrête, ne soit plus tragique ni brutale ; que le besoin de justice, les rêves millénaristes qui survivront à l'échec du marxisme ne cherchent plus à se frayer une voie, au besoin par la violence ; que les hommes, selon qu'ils sont nés misérables ou puissants, se résignent à leur condition. Il faudrait donc un miracle.

Or la démocratie nous fatigue, nous tyrannise par ses ordres, les tâches infinies qu'elle nous dicte. Nous ne l'avons inventée que pour mieux la détourner, en faire un sédatif qui nous immunise des aléas et de l'angoisse. Si bien que, par une inversion dramatique de son sens, elle en vient à signifier la soumission à l'ordre des choses, une aimable tolérance à l'intolérable, une douce indifférence aux autres et à nous-mêmes.

Ainsi allons-nous peut-être apprendre que la démocratie peut mourir de réussir, courir à la ruine sous le masque souriant du succès. Pour éviter que son accomplissement ne soit contemporain de sa faillite, il ne nous reste plus qu'à lui souhaiter beaucoup de périls qui la revitalisent. Mais, dans les deux cas de l'usure par le triomphe ou du sursaut par le désastre, nous n'échapperons pas aux temps de fer.

*Table*

## Le désir d'ennemi



## L'imprécateur et le bienheureux

## Le poison de la fatigue

IMPRIMERIE S.E.P.C. À SAINT-AMAND (CHER)
DÉPÔT LÉGAL : AVRIL 1990. N° 10954 (783-627)

*COLLECTION « L'HISTOIRE IMMÉDIATE »*
*DIRIGÉE PAR JEAN-CLAUDE GUILLEBAUD*

EXTRAIT

JEAN-PAUL ALATA, Prison d'Afrique
MICHEL ALBERT, Le Pari français
Un pari pour l'Europe
MICHEL ALBERT/JEAN BOISSONNAT
Crise, Krack, Boom
ANDRÉ BACCARD, Les Martyrs de Bokassa
TAHAR BEN JELLOUN, Hospitalité française
JEAN BERTOLINO, Albanie la sentinelle de Staline
HERVÉ BOURGES, Une chaîne sur les bras
HERVÉ BOURGES/CLAUDE WAUTHIER
Les 50 Afriques (2 tomes)
CLAIRE BRIÈRE/PIERRE BLANCHET
Iran : la révolution au nom de Dieu
PASCAL BRUCKNER, Le Sanglot de l'homme blanc
CABU et CLAUDE-MARIE VADROT, Plutôt russe que mort !
JEAN-YVES CARFANTAN
L'Europe verte sous influence
GÉRARD CHALIAND, Mythes révolutionnaires du tiers monde
L'Enjeu africain
GILLES CHOURAQUI, La Mer confisquée
JEAN DANIEL, De Gaulle et l'Algérie
MICHEL DEBATISSE, Le Projet paysan
JEAN-FRANÇOIS DENIAU, L'Europe interdite
PIERRE-MARIE DOUTRELAND, Les Bons Vins et les Autres
La Bonne Cuisine et les Autres
RENÉ DUMONT, Chine, la révolution culturale
Finis les lendemains qui chantent
(1. Albanie, Pologne, Nicaragua)
(2. La Chine décollectivise)
(3. Bangladesh, Népal : « l'aide » contre le développement)
RENÉ DUMONT/MARIE-FRANCE MOTTIN
Le Mal-développement en Amérique latine
RENÉ DUMONT/FRANÇOIS DE RAVIGNAN
Nouveaux Voyages dans les campagnes françaises
MAURICE DUVERGER, Les Orangers du lac Balaton
BRUNO ÉTIENNE, Algérie, cultures et révolution
JOHN KENNETH GALBRAITH, Anatomie du pouvoir
IRÈNE GENDZIER, Franz Fanon
BERNARD GRANOTIER, La Planète des bidonvilles
DAVID GROSSMAN, Le Vent jaune

Jean-Claude Guillebaud, Les Confettis de l'Empire
Pierre Haski, L'Afrique blanche
Raj et Renée Isar, L'Inde au-delà du mythe et du mensonge
Jean-Noël Jeanneney, Leçon d'histoire pour une gauche au pouvoir
Jean-Noël Jeanneney et Monique Sauvage
Télévision, nouvelle mémoire
Laurent Joffrin, La Gauche en voie de disparition
Amon Kapeliouk, Enquête sur un massacre (Sabra et Chatila)
Jean et Simonne Lacouture
Vietnam, voyage à travers une victoire
En passant par la France
Jean Lacouture et Roland Mehl
De Gaulle ou l'Éternel Défi
Hubert Lafont-Philippe Meyer, Le Nouvel Ordre gendarmique
Jean-Daniel Le Franc, Industrie : le péril français
Daniel Leconte, Les Pieds-Noirs
Hua Linshan, Les Années rouges
Gilles Martinet, Sept Syndicalismes
René Maury, Les Patrons japonais parlent
Jean-Jacques Michel/Huang He
Avoir 20 ans en Chine... à la campagne
Alain Minc, L'Avenir en face
Le Syndrome finlandais
Marie-France Mottin, Cuba quand même
Jean-Pierre Moulin, Qu'est-il arrivé à la France ?
Observatoire de l'information, L'Information dans le monde
Antoine Ottavi, Des Corses à part entière
Pierre Pachet, La Violence du temps
Jacques Pinto, Journal de Judée
Albert du Roy et Robert Schneider
Le Roman de la Rose
Victor Scherrer, La France paresseuse
Raja Shehadeh, Tenir bon
Robert Solé, Le Défi terroriste
Véronique Soulé, Avoir 20 ans à l'Est
Ibrahim Souss, Lettre à un ami juif
Lionel Stoleru, L'Ambition internationale
Emmanuel Todd, La Nouvelle France
L'Invention de l'Europe
Viet Tran, Vietnam : j'ai choisi l'exil
Paul Trouillas, Le Complexe de Marianne
Claude-Marie Vadrot, Les Nouveaux Russes
Claude Wauthier, L'Afrique des Africains (nouvelle édition)
Jean Ziegler, Les Rebelles
La Victoire des vaincus